顶尖咨询师
工作法则

调研与量化诊断

尚明淮 著

中华工商联合出版社

图书在版编目（CIP）数据

顶尖咨询师工作法则：调研与量化诊断 / 尚明淮著. -- 北京：中华工商联合出版社，2022.7
ISBN 978-7-5158-3443-6

Ⅰ．①顶… Ⅱ．①尚… Ⅲ．①企业管理－咨询 Ⅳ．①F272

中国版本图书馆CIP数据核字（2022）第091801号

顶尖咨询师工作法则：调研与量化诊断	
作　　　者	尚明淮
出 品 人	李　梁
图 书 策 划	蓝色畅想
责 任 编 辑	吴建新　林　立
装 帧 设 计	胡椒书衣
责 任 审 读	郭敬梅
责 任 印 制	迈致红
出 版 发 行	中华工商联合出版社有限责任公司
印　　　刷	北京市兆成印刷有限责任公司
版　　　次	2022年8月第1版
印　　　次	2022年8月第1次印刷
开　　　本	710mm×1000mm　1/16
字　　　数	193千字
印　　　张	14.25
书　　　号	ISBN 978-7-5158-3443-6
定　　　价	56.00元

服务热线：010-58301130-0（前台）

销售热线：010-58302977（网店部）
　　　　　010-58302166（门店部）
　　　　　010-58302837（馆配部、新媒体部）
　　　　　010-58302813（团购部）

地址邮编：北京市西城区西环广场A座
　　　　　19-20层，100044

http://www.chgscbs.cn

投稿热线：010-58302907（总编室）
投稿邮箱：1621239583@qq.com

工商联版图书
版权所有　盗版必究

凡本社图书出现印装质量问题，请与印务部联系。

联系电话：010-58302915

前　言

在"后疫情"时代，所有的行业和事物都经历了深刻的改变和重组，充满了不确定性。对于咨询行业来说，也同样如此。近几年，咨询行业经历了诸多发展和改变，企业对于咨询的需求有了新的要求，尤其那些受疫情影响的流程和组织。新冠肺炎疫情带来的影响深深地困扰着各行各业的从业者。作为咨询师，更能深刻而敏锐地觉察到这种变化。那么，咨询师应该如何应对这种变化呢？

熟悉我的朋友都知道，除了咨询顾问之外，我还是国内为数不多的咨询监理师之一。什么是咨询监理师呢？咨询监理师的职责是帮助企业选择咨询公司。通常情况下，企业在甄选咨询公司时，咨询监理师会介入他们咨询项目中，帮助他们规范标书，整理咨询需求。

不同的咨询公司在进入供应商评估体系之后，都有可能来做一次汇报。那么，咨询监理师需要做哪些工作呢？首先，我要协助企业对咨询公司进行甄选。其次，咨询公司入围、中标之后，咨询监理师帮助企业确认咨询公司的项目经理是否合格。最后，在咨询公司向企业提供咨询的过程中，咨询监理师帮助企业把握咨询的进度和质量。同时，还需要与项目经理及项目团队成员进行多次沟通。在整个咨询过程中，咨询监理师的核心任务是衡量咨询公司的咨询绩效。

在我的从业生涯中，见证了太多咨询公司和咨询师由于没有充分做好准备工作而丢失项目的情况，也深刻地意识到调研和诊断在咨询工作中起到的基础作用，同时，我还察觉一部分咨询师基本功底的缺失。调研和诊断是所有咨询师都绕不开的话题，其中，调研是咨询的前提，也是很多项目能否成功的关键。而调研技术和量化诊断报告是从事咨询行业必须要掌握的两项技能，也是咨询师进入咨询行业首先要面对的内容。

正因为看到很多咨询公司和咨询师由于基本技能的欠缺而失去工作机会，所以我认为非常有必要让各位咨询师尤其是新入行的咨询师重新认识调研和诊断的重要性。为此，我将自己多年的经验整理成册，希望对刚入行以及对咨询和诊断有疑惑的同行有帮助。我将这本书的内容分为六个部分。

第一部分，介绍调研和诊断的价值。这一部分的主要目的是答疑解惑，帮助咨询师了解进行调研和诊断的目的，即必要性。主要从调研和诊断的目的、价值、过程及调研的方向和诊断的方法等几个方面进行具体论述。

第二部分，介绍调研前的准备工作。准备工作又分为5W1H，即事前准备、背景调查、准备调研清单、召开项目启动会、制订调研计划等几个方面。

第三部分，介绍调研体系中的"望、闻、问、切"。其中，"望"指的是收集资料，"闻"指的是实地调查，"问"指的是访谈调研，"切"指的是问卷调研。

第四部分，介绍量化分析模型的建立。在这一部分，我会具体讲解什么是数据、数据分析的分类和作用、现代企业制度与数据分析、数据分析的理论模型、数据分析的方法等。

第五部分，介绍量化诊断报告的呈现。主要包含数据处理与整理、数据可视化、数据展示、报告自动化等几个方面。

第六部分，介绍报告的解读技巧。在这一部分，我将从量化诊断报告的作用、写作原则、种类、结构、撰写的注意事项这几个方面具体展开。

在"后疫情"时代，咨询行业迎来了很多变化，咨询师要修炼好自己的基本功，用扎实的、"不变"的基础应对行业的"变化"。这样，才能在咨询行业中走得更远。

目　录

第一章　答疑解惑：为什么要进行调研和诊断？
第一节　调研和诊断的目的 /4
第二节　调研和诊断的价值 /5
第三节　调研的方向和诊断的方法 /10
第四节　调研和诊断的过程概述 /25

第二章　磨刀擦枪：调研前的准备工作
第一节　5W1H 事前准备 /32
第二节　背景调查：每个行业的 50 个关键字 /34
第三节　准备调研清单 /42
第四节　召开项目启动会 /50
第五节　制订调研计划 /52

第三章　望、闻、问、切：调研体系全过程
第一节　"望"：收集资料 /60
第二节　"闻"：实地调查 /76
第三节　"问"：访谈调研 /83

第四节 "切"：问卷调研 /96
第五节 案例部分 /105

第四章 独树一帜：建立量化分析模型
第一节 什么是数据？/148
第二节 数据分析的分类和作用 /150
第三节 现代企业制度与数据分析 /155
第四节 数据分析的理论模型 /158
第五节 数据分析的方法 /167

第五章 跃然纸上：量化诊断报告呈现
第一节 数据处理与整理 /184
第二节 数据可视化 /187
第三节 数据展示 /192
第四节 报告自动化 /200

第六章 水到渠成：量化诊断报告撰写技巧
第一节 量化诊断报告的作用 /206
第二节 量化诊断报告的写作原则 /208
第三节 量化诊断报告的种类 /209
第四节 量化诊断报告的结构 /212
第五节 撰写量化诊断报告的注意事项 /217

第一章

Working Rules of Consultants

答疑解惑：为什么要进行调研和诊断？

咨询师是运用专业知识、技能、经验以及相关的技术和方法，帮助企业解决问题并提供建议和方案的专业人员。

面对情况复杂、需求不同的企业，咨询师必须实地走访，调研与企业相关的问题，这样才能使咨询的结果真实、有效、可靠。

如果说调研是手段，那么诊断就是结果。诊断是咨询师在调研后，结合专业知识和技能经验，对企业的问题做出判断并给出建议。如果把企业比作病人，那么咨询师就是医生，调研是相关的辅助检查，而诊断就是医生在经过相关辅助检测和专业知识判断后为病人开出的诊断书。

与医生的诊断不同，咨询师的诊断一般以量化诊断报告的形式出现，即将调研中获得的数据进行一定的处理、分析后，呈现给企业，并提出合适的建议。

在"后疫情"时代，越来越多的事物呈现出不确定性、复杂性、易变性和模糊性，咨询师在为企业提供服务时，必须要有充分而翔实的论据做支撑。因此，咨询师必须掌握一定的调研技术，而且需要学会制作量化诊断报告，这样，才能在这个时代脱颖而出，立于不败之地。

第一节　调研和诊断的目的

对企业进行调研和诊断是咨询师工作的首要步骤和主要目的。就调研而言，只有对企业的基本情况和基本问题有了大概了解，才能进行接下来的工作，调研是咨询的前提，也是很多项目能否成功的关键。而对于诊断来说，只有对企业做出准确而详细的诊断，才能对症下药，使企业获得"新生"，咨询师才能凸显其自身的价值。

第一，调研的目的。

调研是调查研究的简称，进行调研，就是深入企业内部，通过多种调查方式，收集有关企业经营发展状况和财务状况等信息，再结合股东、管理者、市场环境等背景进行客观的分析和评价。

对咨询师来说，在开展具体工作之前，对企业进行一定程度的调研，意义和价值都非常重大。调研是咨询师了解企业的常用方法，咨询师通过多种调查方式来收集、研究企业的信息，对企业存在的问题进行客观的分析、研究，对未来的发展趋势进行预测，为企业未来的经营决策和内部管理提供依据。调研能够帮助咨询师了解企业的优势和劣势，能够更加客观地认清企业所处的位置，能够对未来的发展趋势进行预测，给予其发展方向和发展战略上的建议。

对企业的调研，我们通常从两个方面展开。调研和分析企业的战略，了解企业三到五年的发展规划，了解企业的年度经营目标；此外，我们还要对公司的商业模式、组织能力、产品研发体系、市场销售、信息化、财务系统、供应链、人力资源体系等进行调研。

结合股东和管理者的背景，通过这些调研我们可以客观地分析了解企业的优势和劣势，对企业做出更全面的评价，帮助企业准确地掌握自身以及竞争对手、合作伙伴、目标企业的信息情报，提前制订应对措施，主动调整自身的发展规划。

第二，诊断的目的。

诊断指的是咨询师对企业的调研分析结束后，总结其在经营管理过程中存在的问题，并为其提供改善建议。一般来说，咨询师在为企业提供诊断建议时，都是以量化诊断报告的形式呈现，以数据分析的形式对调研中得来的数据进行整理分析，从而得出更准确、更有效的结论。

对于企业来说，诊断是必须且必要的，因为在企业经营的过程中，难免会出现偏差或者失误，在日常的工作中隐藏着许多不易发现的小问题。这时，专业咨询师的诊断能够帮助企业找到存在的问题。可以这样说，诊断是咨询师进行调研的目的和结果，而诊断本身的目的是运用科学的调查方法，帮助企业找出经营过程中的弊端，以提高企业的经验管理水平，改善企业素质。

第二节 调研和诊断的价值

一、调研的价值

调研有什么价值？我们可以从以下三个方面来回答这个问题。

第一，调研是什么？调研是咨询师通过各种各样的调查研究方式，系统客观地收集企业自身和周边的信息并加以研究分析。在此基础上，对企业未来的发展趋势做出预测，并为其经营发展的决策提供建议。

第二，能让咨询师得到什么？调研是咨询师获得信息的手段，也是咨询师工作成功的保障。充分而深度的调研，能让咨询师对某一行业或某一企业有深刻的把握和理解，从而做出更专业的诊断并给出更有效的建议。此外，在提供咨询服务之前展开调研，这对咨询师来说，是一种非常好的工作习惯，是能让咨询师获得更科学、更专业结论的方法论。

第三，能让企业得到什么？调研可以获得系统客观的信息和数据，这些信息和数据也许是企业并不了解的，也许是他们了解却一直忽略的。无论如何，当咨询师将这些数据呈现在他们眼前时，他们无法选择视而不见，必须直面这些信息和数据，挖掘这些信息和数据背后隐藏的问题，或以此为参考，为未来的决策做准备。

咨询顾问的作用除了能解决企业自身的问题之外，更重要的是通过调研让企业里更多的员工得到一个信息，即企业要与咨询顾问公司合作，要通过咨询顾问公司对企业进行诊断辅导，帮助企业成长。这可以让企业的管理者对企业未来的发展抱有信心，并且提前做好准备，配合咨询顾问的工作。

对于企业来说，企业能得到一次第三方的企业体检，听到平时内部听不到的一些声音，能让公司高层和第三方，以及公司的中层有新的模式的互动，这种模式的互动是平时所不存在的。

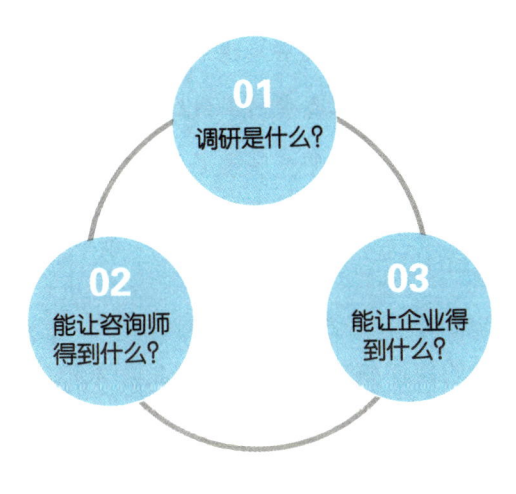

图 1-1 调研的价值

二、诊断的价值

诊断的价值同样是多方面的，总体来说，可以体现在以下三个方面。

第一，判断、分析企业目前的情况。诊断的基本价值是帮助企业分析判断目前企业的基本情况。而出具的量化诊断报告更是将这些基本情况用数据分析的形式呈现给企业，即用数据的形式为企业现状画像，让他们更加直观和准确地了解自己目前的状态。

江浙地区有一家服装公司，最初以代工起家，老板在积累了一定的资金和经验后，决定自创品牌，开拓国内市场。品牌刚开始进入国内市场时，推出了几款爆款产品，在市场上有了一席之地。然而，好景不长，近些年，随着国潮的崛起，服装的生产模式和设计风格在不断地变化，这家服装公司渐渐跟不上潮流。为此，老板找到了咨询师，希望咨询师能够帮助他找到公司的问题所在。

咨询师经过细致的调研和诊断分析，发现该服装公司在现阶段的主要问题有六个：有战略方向，但没有实施方案；生产计划脱离市场，生产的产品不符合大众需求；企业各部门不团结，各自为政，无法形成合力；管理者权力被架空，所有的职责都集中在老板身上；中层管理人员多为老板亲属，专业知识有限，素质有待提高；业务流程、生产模式落后，与生产需要不匹配。

第二，给出改善的建议和方向。这是诊断的根本价值，也是企业聘请专业咨询师想要达到的主要目的。因此，咨询师在出具量化诊断报告时，一定要将如何改善的建议和方向作为重要的部分呈现给他们，充分体现诊断的价值和自身服务的价值。

某企业处于转型的关键期，企业中各个部门都需要优化改革，尤其是人力资源管理部门，因为这涉及企业的基本组织架构和绩效考核方法等，关系到每个人的切身利益。然而企业的管理者对人力资源领域并不擅长，对此一筹莫展。为此，他们只能向咨询师求救。

咨询师在深入调研后，结合自己的专业知识为企业做出了诊断，咨询师给出了六项改善的建议和方向。

1.提升企业的信息系统

目前，企业的信息系统应用水平较低，导致企业的运作效率不高。因此，企业应该大力提升信息系统的应用水平，从而提升企业的运作效率、员工的自动化办公水平以及管理层的决策准确度等。

2.重架组织结构

组织结构的重架能够改变组织的信息流向和权利结构，让企业的中层领导者手握实权，拥有一定的决策权，提高企业的办公效率。组织架构的重新调整，还能够带动员工心理架构的重新调整，使员工更有动力。

3.激发员工的创新能力

创新是企业生存最关键的要素。然而，现有的设计部门并不能满足企业的创新需求。因此，人力资源管理部门要想方设法在企业中营造创新氛围，激发更多的员工投入到创新中来，用员工的智慧来满足企业的创新需求。另外，人力资源管理部门还要用内部培养和引进人才的方式迅速提升设计部门的创新能力。

4.优化业务流程

在对组织结构进行优化和改革的同时，也应该着手对各部门的生产流程进行规范，从而提高生产效率。

5.拥有自我否定的勇气

企业能否摆脱过去的思维模式，在未来创造更好的成绩，取决于企业的管理者是否有"自我否定"的勇气。对企业来说，最忌讳的就是依赖过去的成功经验，而不进行思考或做出改变。

6.改善绩效管理

在实际调研中我们发现，80%的员工认为绩效制度有待改进。因此，我们建议，要充分听取员工的建议，立足于企业的实际情况，改善绩效管理，以达到以下效果：提高企业的运作效率和反应能力，增加企业的效益；形成良好的企业文化；控制成本；让更多的人才脱颖而出。

第三，为战略决策提供依据。咨询师提供的诊断能够让企业更加了解自己，而这恰好是他们做出相关战略部署以及决策的关键。因此，诊断在这里发挥了非常重要的一个功能，即为企业的战略决策提供依据。在这种情况下，他们做出的战略决策是建立在充分的调研和数据分析基础上的，而不是盲目的指令和灵光一现的直觉。这样部署的战略以及决策在未来的成功率也会更高。

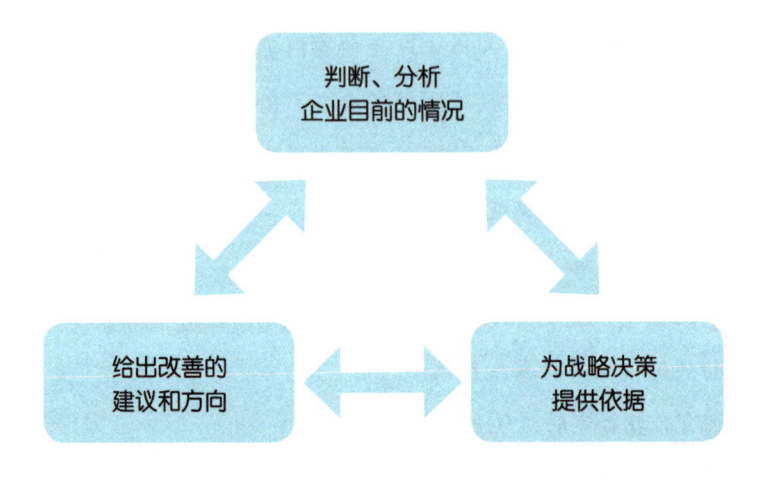

图 1-2　诊断的价值

第三节　调研的方向和诊断的方法

一、调研的方向

咨询师在对企业进行调研时，介入的方向有很多，总体来说，可以从以下几个方向进行深度调研分析，即企业战略调研分析、商业模式调研分析、组织能力调研分析、产品研发调研分析、市场销售调研分析、信息化调研分析、财务管理调研分析、供应链调研分析、企业文化调研分析、管理者风格调研分析、人力资源管理调研分析以及深度交叉调研分析等。

第一章 答疑解惑：为什么要进行调研和诊断？ 11

01 企业战略调研分析	02 商业模式调研分析	03 组织能力调研分析	04 产品研发调研分析
05 市场销售调研分析	06 信息化调研分析	07 财务管理调研分析	08 供应链调研分析
09 企业文化调研分析	10 管理者风格调研分析	11 人力资源管理调研分析	12 深度交叉调研分析

图 1-3 企业调研的方向

第一，企业战略调研分析。

企业战略是企业为未来发展规划而制订的方针、政策、目标和行动等。当今社会，市场瞬息万变，专业分工日益精细化，竞争机制不断加强，这些都对企业战略提出了更高的要求。因此，很多企业将企业战略规划提上了议程，将企业战略规划作为重点项目。那么，咨询师应该如何对企业的战略进行调研分析呢？可以从两个方面进行。

（1）对企业的外部环境进行调研分析，即对企业所处的行业前景以及企业所面临的威胁和机会等进行调研，分析企业领导者可能做出的战略决策。此外，还可以通过业内人士、行业专家、企业网站等了解该企业的战略。

（2）对企业的核心竞争力进行调研分析，对企业战略进行调研分析最重要的就是对企业的核心竞争力进行调研分析，核心竞争力是企业生产和发展的根本，对企业的核心竞争力进行调研分析是咨询师把握企业命脉的最直接和最本质的方式。一般来说，企业的核心竞争力指的是企业的独特性和价值性，即企业有哪些不可替代和不可模仿的产品或者商业模式等。因此，咨询师可以从这几个方面对企业的核心竞争力展开调研分析，即企业的人力资源组织方式、技术开发和创新能力、企业文化、绩效管理等。

第二，商业模式调研分析。

商业模式指的是企业与部门、顾客、渠道、其他企业等多方面的特有的联结方式和交易方式等。商业模式对于企业的发展至关重要，好的商业模式甚至能够引领行业的发展。对企业的商业模式调研分析可以从利润、市场收益、员工构成、渠道、供应商等方面进行。对于不同行业的企业，可以根据其行业特征展开具有针对性的调研分析。

以外贸企业为例，如果企业中有进出口业务，咨询师可以为其提供进出口调研分析服务。对于企业来说，进出口的数据是检测国际市场环境的底层数据，也是准确分析市场的有力基础。咨询师可以从指定产品进口或出口的金额、数量、目的地、方式、海关政策、市场占有率等进行调查分析，帮助企业摸清该产品的国际市场规模、价格、区域分布以及竞争状况等，从而确定该产品的国际市场需求和潜在需求以及该产品的现状和未来发展趋势等因素。

第三，组织能力调研分析。

组织能力指的是企业组织工作的能力，在与竞争对手的竞争中，在相同投入的情况下，谁的组织能力越强，谁的生产效益就越高。因此，对企业的组织能力展开调研分析是非常有必要的，分析结果能够为领导者的决策提供重要的参考依据。

学术界对组织能力的研究很多，其中，尤里奇在其著作《变革的HR》一书中这样描述组织能力，他说："组织能力代表一家企业因何而为人所知，它擅长做什么，以及它如何构建行为模式以提供价值。"他还因此提出了影响组织能力的14项指标，分别是：人才、速度、共同的思维方式、问责制、协同、学习、领导力、客户链接、创新、战略一致性、精简化、社会责任、风险、效率。

咨询师可以根据这14项指标对组织能力展开调研分析。

（1）在对人才进行调研分析时，可以从企业能否吸引并留用对企业具有高度认同感的员工方面进行调研。

（2）在对速度进行调研分析时，主要考察的是企业能否快速启动重要的变革。

（3）在对共同的思维方式进行调研分析时，主要考察的是企业能否与员工及客户保持良好的关系，并维持在他们心中的积极形象。

（4）在对问责制进行调研分析时，主要考察的是企业战略能否落实为可衡量、可量化的绩效标准，并且使员工的收入与这个绩效标准挂钩。

（5）在对协同进行调研分析时，主要考察的是企业中的各部门能否跨越本部门开展工作，并使工作成果得到效率和质量的保障。

（6）在对学习进行调研分析时，主要考察的是企业中是否能够产生有影响力的创意，并且能够在企业中得到推广和应用。

（7）在对领导力进行调研分析时，主要考察的是企业中所有的领导者是否如预期拥有一致的独特标识。

（8）在对客户链接进行调研分析时，主要考察的是企业能否与目标客户建立长久的信任关系。

（9）在对创新进行调研分析时，主要考察的是企业是否积极聚焦于赢得未来，而不是依赖过去的成绩。

（10）在对战略一致性进行调研分析时，主要考察企业能否通过认知、行为、流程、衡量指标这四个方面的计划与员工一起创造"战略一致性"。

（11）在对精简化进行调研分析时，主要考察的是企业能否在战略、流程和产品等方面保持精简化。

（12）在对社会责任进行调研分析时，主要考察的是企业能否为社会做出一定的贡献。

（13）在对风险进行调研分析时，主要考察的是企业能否对自身进行一定的风险管理，并保证未来的发展不会遭受太大的风险。

（14）在对效率进行调研分析时，主要考察的是企业能否有效管理运营成本。

第四，产品研发调研分析。

研发情况是影响企业核心竞争力的关键，积极、优质的研发现状意味着企业可能有更好的未来和发展前途。而消极、混乱的研发现状则意味着企业后继乏力，不一定能创造出好的成绩。咨询师可以从研发投入、研发产出、研发效果这三个因素入手，对企业的研发情况进行调研分析，从而对企业的核心竞争力和未来发展规划有基本的了解。必要时，咨询师可以提出有建设性的意见和建议。

在研发调研分析的基础上，咨询师还可以进一步扩展，对产品的生产展开调研。产品生产从广义上说，范围很广，包含产品在销售前所有的上游环节，如采购、研发、生产等流程。而从狭义上说，只指企业为了创造财富，加工生产资料获得产品这一流程。

我们这里所说的生产调研分析，是对企业广义的生产过程进行调研分析。主要从两个方面进行调研分析。

（1）对成本进行调研分析。咨询师可以采用比率分析法、对比分析法、因素分析法、趋势分析法等对企业的财务费用、生产成本、销售费用、管理费用等进行调研分析，找到影响企业成本变动的各种因素，并提供降低成本的方式、方法。

（2）对产量和产能进行调研分析。产量和产能是一家企业生产情况的关键性指标之一，我们能通过产量和产能判断企业的整体生产水平。咨询师在对产能进行调研分析时，可以从产品类型及制作流程、生产场地及场地负荷能力、产品的标准生产时间及人才负荷能力、机器装备及机器负荷能力这四个方面进行。对产量的调研分析可以从企业当日或者当月的生产力设备负荷率这一指标入手。

第五，市场销售调研分析。

从前，人们对产品销售都秉持"酒香不怕巷子深"的理念，将主要精力集中在打磨产品上。然而，随着市场环境的复杂和产品形式的多样化发展，如今"酒香也怕巷子深"，光有好的产品还不够，还要有好的销售。因此，销售成为企业中的重要一环，它关系到产品的成败以及企业利润的多少。

因此，咨询师在帮助企业制订咨询计划之前，要对企业的销售情况进行调研分析，了解产品的用户群、价格、销售渠道、竞争对手等。从而帮助企业制订更好的销售策略。

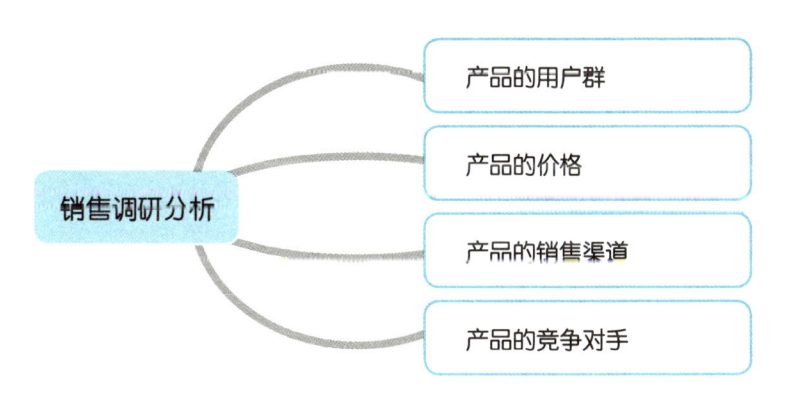

图 1-4 销售调研分析

（1）对产品的用户群进行调研分析，即针对已有的用户信息和销售数据，为用户"画像"，调研分析用户的特征、忠诚度、注意力等，评估产品的收益率和用户的价值。根据用户的不同特征对其分类，并根据分类情况为不同类型的用户指定匹配的营销计划和运营计划，使企业的资源得到合理的配置，从而获得更高的收益。除此以外，对用户群进行调研分析的另一个目的是通过对已有用户的调研分析发现潜在的用户人群，从而帮助企业进一步扩大规模，使企业的发展进入快车道。

（2）对产品的价格进行调研分析。主要通过对企业生产的一款或几款产品的价格进行分析，了解产品的变动规律和变动趋势，帮助企业制订更好的价格策略。一般可以从三个方面对产品的价格进行调研分析，即产品价格变动幅度的大小、影响产品价格的主要因素及产品价格变动的主要趋势。

（3）对产品的销售渠道进行调研分析。渠道指的是服务或者生产转向终端消费者所经过的路径。随着渠道结构的日益扁平化，渠道在销售环节中的作用越来越重要。很多产业、领域甚至直接表明，现在已经从"产品为王"的时代转向"渠道为王"的时代。因此，对产品的销售渠道进行调研显得越来越重要。咨询师在指导企业进行销售渠道调研分析时，可以着重从四个方面入手，即渠道的类型、不同渠道类型对应的市场群体、主流渠道的业态特点、主要竞争对手的渠道竞争策略。

（4）对竞争对手的产品进行调研分析。对竞争对手的产品进行调研分析能够帮助企业更系统地进行对比和自我反思，并且更有针对性地制订战略方向和战略措施，从而助力企业不断成长。在具体实施时，可以从竞争对手的目标和战略、竞争对手的经营状况和财务状况、竞争对手的技术经济实力等方面进行调研分析。

第六，信息化调研分析。

信息化指的是一家企业中信息技术和信息资源被应用和共享的程度。信息化程度的高低在一定程度上反映了企业水平的高低，因此，很有必要对企业的信息化程度展开调研分析。

咨询师在对企业的信息化展开调研分析时，可以从三个方面进行。

（1）企业的信息化建设水平。企业的信息化建设水平包括企业网站、信息化办公、电子商务平台、客户资源管理等方面的建设。随着信息技术在企业生产和经营方面变得越来越重要，未来会有更多企业依托信息化而成长，企业的信息化建设水平甚至关乎企业的生死存亡。咨询师在进行信息化调研分析时，不要局限于经验，而是要根据当前信息化发展的实际情况罗列调研要点。

（2）企业的信息化平台。企业的信息化平台能够帮助企业解决信息获取慢、管理效率低下等问题。咨询师在进行信息化平台方面的调研时，可以从知识管理平台、日常办公平台、信息集成平台、信息发布平台、协同工作平台、公文流转平台、企业通信平台这七个方面展开。

①在对知识管理平台进行调研分析时，主要考察的是企业员工能否利用平台上的资源提高自身素质，并帮助企业提高创新能力。

②在对日常办公平台进行调研分析时，主要考察的是企业日常的办公能否高效进行，例如，在特殊时期，能否不受时间和空间限制进行。

③在对信息集成平台进行调研分析时，主要考察的是企业中已存在的对企业的生产经营起关键作用的生产、经营、销售等数据能否集成统一管理。

④在对信息发布平台进行调研分析时，主要考察的是企业是否建立一个经过规划的信息发布平台以及一套规范的信息发布流程，使企业的公告事项、新闻简报、规章制度等都能得到有效的分享和传播。

⑤在对协同工作平台进行调研分析时，主要考察的是企业能否建立一个协同工作平台，将企业的各项工作进行有效的分配，增强团队协作能力，最大限度地释放员工的创造力。

⑥在对公文流转平台进行调研分析的时候，主要考察的是企业是否由传统的纸质化办公改成无纸化办公，并做好电子文件的管理。

⑦在对企业通信平台进行调研分析时，主要考察的是能否建立企业范围内的通信平台，如电子邮件系统等，使员工之间的交流得以顺利进行。

（3）企业的信息化程度。企业的信息化程度主要指的是企业在信息化的进程中是否体现易用性、拓展性、灵活性、安全性、平台化、移动性、门户化、整合性等特征。咨询师在对企业的信息化程度调研分析时，可以按照以上的标准一一调研和分析。

第七，财务管理调研分析。

财务指标是衡量一家企业发展状况的重要指标。对于咨询师来说，对企业财务状况进行调研是掌握企业基本情况最快速和最直接的方式。咨询师在对企业财务进行调研分析的过程中，主要可以从四个方面展开。

（1）对财务数据进行调研分析。对财务数据的调研可以从三张表入手，即企业的资产负债表、损益表和现金流量表。

①资产负债表是根据"资产=负债+所有者权益"这一公式，将企业某一特定日期的资产、负债、所有者权益进行一定排列编制而成，能够反映企业在某一特定日期的全部资产、负债和所有者权益情况，是企业经营活动的静态体现。

②损益表又称收益表，对企业某时期（通常为一年）的销售收入或所获收益、所售商品的合理的成本及剔除成本后所剩的利润（净收入）等进行分析。

③现金流量表反映的是企业在某个固定期间（通常是每月或每季）内，现金的增减变动情况。

这些表能够帮助咨询师在一定程度上了解企业的财务状况、资金实力、经营状况、筹资能力和创现能力等。

（2）对财务比率进行调研分析。财务比率指的是财务报表上两个数据之间的比率，具体可以分为变现能力比率、资产管理比率、负债比率和盈利能力比率这四类。一般来说，财务比率的作用是评价某个项目在各年之间收益变化、比较不同项目的收益和风险等。通过对财务比率进行调研分析，咨询师能够更好地了解和评价企业的财务状况和经营成果，从而帮助企业做出更好的决策。

（3）对财务风险进行调研分析。财务风险指的是企业在生产经营的过程中，因为难以预料或者不可控因素的影响，使财务状况具有不确定性。企业的财务风险是客观存在的，在外部主要受行业背景、政策、宏观经济环境等的影响；而在内部，主要受资本结构、投资决策、财务管理制度、财务人员风险意识、收益分配政策等因素的影响。对财务风险进行调研分析，就是要求咨询师分析企业财务中可控和不可控的因素，对财务风险中的流动性风险、信用风险、筹资风险、投资风险等进行全面的分析，从而更客观地反映企业的财务状况和运营状况。

（4）对主要竞争对手的财务进行对比分析。咨询师要调研分析企业竞争对手的经营成本、负债情况、盈利能力以及成长性等，通过对这些数据的分析，对企业在市场中的地位有更客观的认知，便于为企业未来的部署提出合理的建议。

财务调研分析
- 对账务数据进行调研分析
- 对财务比率进行调研分析
- 对账务风险进行调研分析
- 对主要竞争对手的财务进行对比分析

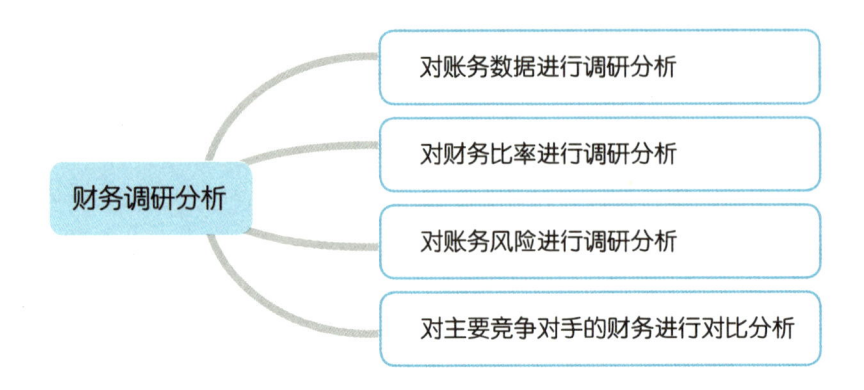

图 1-5　财务调研分析

第八，供应链调研分析。

咨询师在对企业的供应商进行调研分析时，可以分成两种情况进行。一种发生在合作前，对与企业有合作意向的供应商进行调研，了解他们的一些基本信息，如名称、地址、生产能力、产品种类、产品价格、产品质量、市场份额、运输条件等；一种发生在合作后，对已经与企业合作的供应商进行深度调研，最好深入供应商的生产线，对生产设备、生产工艺、生产条件、质量检验体系、管理体系等进行深入的调研考察，确认其生产的产品能否与该企业的需求相匹配，从而建立起稳定的物资采购供应关系。

第九，企业文化调研分析。

企业文化指的是企业在价值观、信念、处事方式等方面所特有的文化现象。企业文化包含的范围很广，它可以泛指企业在生产和经营过程中表现出的各个方面。一般认为，企业文化由三个层次构成，分别是浅层次的物质文化、中层次的制度文化以及高层次的精神文化。总体来说，包括企业产品、领导体制、规章制度、行为规范、文化环境、企业愿景、历史传统、企业价值观等。

（1）在对企业产品进行调研分析时，可以着重考察产品的社会价值和社会影响，了解企业产品所秉持的生产宗旨和销售宗旨是什么。

（2）在对领导体制进行调研分析时，可以着重考察企业的所有制、组织形式等，了解企业平时是怎样运作的。

（3）在对规章制度进行调研分析时，在了解和收集企业规章制度的基础上，要分析和总结规章制度背后的价值导向。

（4）在对行为规范进行调研分析时，要分别向基层、中层和高层的员工进行调研，了解他们对行为规范的遵守情况，进而对整个企业的行为规范情况进行总体的把握。

（5）在对文化环境进行调研分析时，要到企业进行实地考察，切实了解和感受企业的文化环境。

（6）在对历史传统进行调研分析时，要尽可能地收集文字资料，从企业保存的资料中了解企业的历史传统，也可以向工作多年的老员工了解企业的历史传统。

通过对以上六项内容的调研分析，基本可以了解企业的愿景和价值观。

第十，管理者风格调研分析。

管理者在工作过程中，往往会通过不同的行为模式管理或影响别人。管理者的这种行为模式，就是管理风格。笼统地说，管理风格可以分为专制型、民主型、放任型等。不同的管理风格会对企业产生不同程度的影响。因此，咨询师有必要对企业的管理风格进行深入的调研分析。

在对管理风格调研分析的过程中，既可以与管理者面对面沟通，直接感受管理者的行事管理风格，也可以与管理者身边的工作人员访谈，通过他们的描述侧面了解管理风格，还可以从企业员工的整体工作状态中推断出管理风格。

第十一，人力资源管理调研分析。

人力资源管理指的是在一定思想和目标的指引下，通过一系列与人力资源相关的工作，如招聘、培训、绩效管理等，满足企业的发展需求，实现企业目标的一系列活动的总称。人力资源管理包含的模块有人力资源规划、招聘与配置、培训与开发、绩效管理、薪酬福利管理、劳动关系管理等。咨询师可分别对这些模块展开调研和分析。

（1）在对人力资源规划进行调研和分析时，应该主要考察企业内部对人力资源的获取、配置、使用以及保护等是否进行了合理有效的规划，从而保证人尽其才，每个岗位上都配置合适的人才。

（2）在对招聘与配置进行调研和分析时，应该主要考察招聘的程序是否合理、合规，是否择优录取，对人员的安置是否妥当等。

（3）在对培训与开发进行调研和分析时，应该主要考察企业中培训与开发的需求，如战略层面、任务层面以及人员层面的培训与开发等需求是否得到满足。

（4）在对绩效管理进行调研和分析时，应该主要考察员工与管理者是否一起参与了绩效计划的制订、绩效辅导的沟通、绩效考核的评价、绩效结果的应用以及绩效目标的提升，并考察是否切实提升了个人、部门和企业的绩效。

（5）在对薪酬福利管理进行调研和分析时，应该主要考察薪酬福利制度的设置是否科学合理，员工对其是否满意，是否有效地激励员工工作。

（6）在对劳动关系管理进行调研和分析时，应该主要考察各类人员的劳动关系是否清晰明了，是否存在较大安全隐患和纠纷，是否对档案进行合理有效的管理等。

第十二，深度交叉调研分析。

前十一项调研分析都是咨询师在对企业进行调研分析时需要进行的最基本的步骤。有了以上信息，就可以对一家企业做出基本的判断和结论。然而，要想得出更深层次的诊断和更有建设性的意见，则需要咨询师利用自己的情报系统为企业获取更有价值、更深层次的情报，做出深度交叉调研分析。

深度交叉调研的内容涉及企业的各个层面，咨询师可以根据企业的实际情况从企业产品的研发能力、生产工艺、价格体系、产销量详情、产供销运作详情、销售地区详情、市场占有率详情、经销商的结算方式等对企业进行深度的调研分析，帮助企业剖析各方面情况。

事实上，在实际的咨询中，这种调研方式很少用于企业自身，更多的是被企业要求用来调研竞争对手、并购对象、投资合作伙伴等。

二、诊断的方法

诊断的方法有很多，咨询师在具体工作中，主要会用到一般与特殊相结合、定性与定量相结合、"中西医"手段相结合、出具诊断报告书等常用的诊断方法。

第一，一般与特殊相结合。

任何事物都可以看作一般和特殊的结合，企业中存在的问题也是如此。在对企业进行诊断分析时，可以找到问题的一般特征，再结合此次问题的特殊性，一起分析诊断，这样能够更加全面地诊断企业中存在的问题。

第二，定性与定量相结合。

定性指的是用非量化的手段来研究事物的性质，而定量是用数据的形式研究事物的性质，在对企业进行诊断时，咨询师一般以量化诊断报告为主，结合定性的研究方法，为企业提供更完整的诊断。

第三，"中西医"手段相结合。

"中西医"在这里可以理解为中式的诊断理念和西式的诊断理念。众所周知，在对待事物的基本看法上，中式和西式的理念有着很大不同。以管理方式为例，中式的管理方式更注重"人"本身，而西式的管理方式则更注重制度和程序。因此，咨询师在进行诊断时，不仅要用西式的方法论对企业的问题进行诊断，也要用中式的人文关怀理论关注企业的主体——人。

第四，出具诊断报告书。

诊断报告书是诊断的重要方式，一般采取文字和图表数据结合的方式，使内容更具科学性和专业性。诊断报告书的构成内容一般可以分为标题、诊断概要、诊断评价、改善建议、效果预计以及结尾等部分。咨询师在为企业出具诊断报告书时，可以从三个角度出发。

（1）如果调研的信息非常全面，对企业有了全方位的判断和理解，可以为其出具一份综合诊断报告书，将外部经营环境诊断、经营战略诊断、产品竞争能力诊断等内容都放入报告中。

（2）如果企业需要的是某一方面的调研诊断，那么就要为其出具一份专业诊断报告书。比如，某企业认为自己的财务管理比较混乱，有非常大的问题，所以请咨询师来解决这个问题。那么在调研分析后，咨询师应该为其出具财务管理诊断报告书。

（3）如果企业的需求是对特定的项目或者课题进行调研诊断，那么咨询师就可以根据自己对这个项目或课题的调研诊断，出具一份专题诊断报告书。

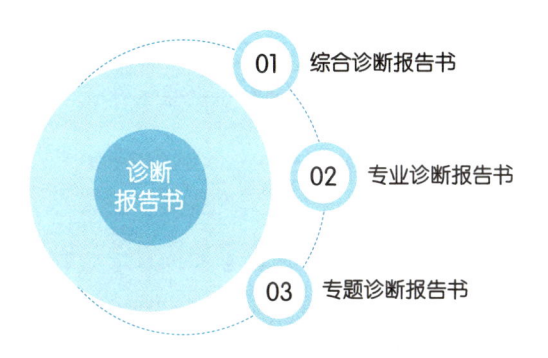

图 1-6 诊断报告书的分类

第四节 调研和诊断的过程概述

调研和诊断并不是孤立的，而是相互连接的过程。具体来说，调研和诊断包括以下五个方面。

第一，内部调研。

内部调研是调研和诊断的第一步，在具体实施时，可以根据企业的需求，从战略管理、企业治理、市场营销、财务状况、人力资源、生产运作等方面入手。内部调研有人员访谈、问卷调研、资料收集、现场走访等方式。

（1）人员访谈和问卷调研是较为常用的内部调研方式。这两种调研方式针对的对象有些许差别。人员访谈一般是一对一访谈，由咨询师亲自与访谈对象展开谈话，在谈话中获取自己想要的信息，访谈的对象一般为企业的中高层管理者。

（2）问卷调研是通过设计、发放、回收调研问卷的形式，从企业员工中获取自己想要的信息。原则上，相关的企业工作人员都要参加问卷调研。

（3）资料收集指的是咨询师制作《诊断调研材料需求清单》交由企业相关人员，由企业人员为咨询师提供需要的资料，一般以电子文档的形式交由咨询师。

（4）现场走访指的是咨询师进入企业现场进行走访、观察、调研等，近距离了解企业。

第二，外部调研。

外部调研指的是对企业的外部经营环境展开调研，可以从竞争环境、市场环境、供应环境、标杆企业、经销商等方面入手。外部调研涉及的范围较广，咨询师要根据咨询主题和方案做好范围的取舍，重点突出需要调研的方面。在调研过程中，一定要保证数据的真实、准确、有效。

在外部调研过程中，咨询师同样可以采取在内部调研过程中采取的方式，即人员访谈、问卷调研、资料收集、现场走访等。但是在调研的过程中，要注意角色的变化。在内部调研过程中，调研的行为是公开的，企业会配合咨询师的工作；而在外部调研过程中，很多时候，调研的行为是隐蔽的，无法要求对方配合。因此，咨询师要随机应变，利用一些线上的工具，如"调研工厂""企查查"等平台获取需要的信息。

第三，整理分析调研资料。

经过内部调研和外部调研之后，咨询师基本已经获得了与企业相关的所有信息。这时，咨询师要对调研取得的资料进行汇总和分析，对调研取得的数据进行整理和处理。通过数据分析、建立分析模型等方法发现企业存在的问题，并根据特定的角度，对问题展开深入的剖析。

第四，找出根本原因。

咨询师可以运用相关的诊断方法，将发现的个别问题联系在一起进行研究，发现这些问题之间存在的联系，再总结其中的规律，找出问题的根本所在。

第五，演示。

将前四条得出的信息形成诊断报告，进行内部演练；各方面都准备好后，向企业汇报诊断结果。

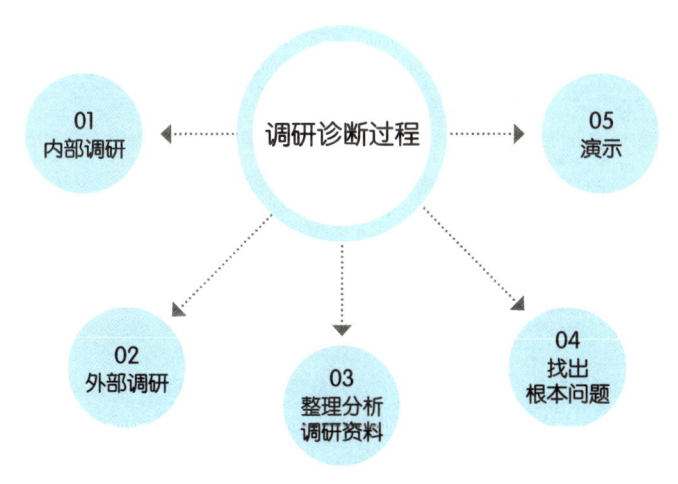

图 1-7 调研诊断过程

第二章

Working Rules of Consultants

磨刀擦枪：调研前的准备工作

为了更好、更有效率地完成调研工作，咨询师需要提前做好准备工作。咨询师可以选择"5W1H事前准备"，有步骤、有逻辑地为调研和诊断做好规划。需要注意的是，5W1H是思维分析方法，无论是多么困难和复杂的事情，都可以用5W1H分析法向自己提问，并找到答案，养成"三思而行"的习惯。

本章的第二节，主要介绍背景调查的方法。我们可以在这节中了解行业背景调查和企业背景调查的一些方法。这些调查方法环环相扣，通过拼凑碎片化信息的方式为行业和企业画像。如果有背景调查方面的困惑，不妨从这一节中寻找实用的方法。

本章的第三节，主要介绍如何准备调研清单。"好的开始是成功的一半"，详细而科学的调研清单能够帮助咨询师在咨询工作中达到事半功倍的效果。调研清单的准备包括三个必要项目，每个项目中又包含了多个小要点，可以帮助我们理清调研前准备清单中的具体事项。

本章的第四节，主要介绍如何制订调研计划。调研计划的制订分为四个具体的项目，分别是确定拜访时间、确定方案、确认拜访人员、准备物料四个项目。

第一节　5W1H事前准备

咨询界有这样一句话："调研其实不难，调研的核心功夫都在调研之外。调研之外，才是最考验咨询师能力和水平的地方。"确实，如果咨询师调研前的准备工作做得不充分，有可能会使整个调研陷入困境，从而引起企业的不满。因此，一位有经验的咨询师会在事前准备中花费更多的时间。调研准备工作的好坏直接决定了调研的好坏，而调研的好坏又直接决定了企业对咨询师或整个咨询公司的印象，因为调研是企业能感受到的直接表象。

因此，咨询师在对企业进行调研和诊断前，要对这次调研和诊断做一定的规划。在这里，我们可以使用5W1H分析法准备一套规划清单。5W1H分析法是对5W2H分析法的精简，5W2H分析法又叫作七问分析法，是用5个W开头和2个H开头的英文单词发问，从而发现解决问题的线索和思路的系统思维方法。这几个问题之间环环相扣，层层递进，极具逻辑性和思辨性。与5W2H分析法相比，5W1H分析法只是选取了其中5个W开头和1个H开头的英文单词来发问，不包含"How many"。5W1H事前准备包含六项内容。

步骤1：Who（谁）。

这次要调研的对象是谁？企业的基层、中层还是高层管理者？为谁出具诊断报告书？

咨询师在调研和诊断前，依据此次咨询的主题，对企业的背景信息等进行基本摸底，并为今后两方的谈判做出预判和规划。

步骤2：What（什么）。

谈什么？

根据目前的信息和情况，要与企业的相关人员谈些什么？企业比较在意的内容是什么？即调研什么内容，我们的核心业务单元决定了我们要调研什么。调研前一定要清楚我们这次要调研哪一个业务单元，是否需要调研分子公司，是否有必要调研相关业务条线。

步骤3：When（何时）。

什么时候会面最合适？

咨询师在拜访企业相关人员之前，要先确定什么时间去拜访，是上午去还是下午去？一般来说，周一和周五是一周中企业最繁忙的时候，如果不是特别紧急，尽量避开这两天。上午是人们头脑比较清醒的时候，更适合沟通偏理性的内容，如成本预算、财务分析等；在经过半天工作后，人们在下午会略感疲惫，这时比较适合沟通发散性思维的内容，如框架设计、商业模式设想等。

步骤4：Where（何地）。

在哪里与企业相关人员会面调研？

咨询师在与企业相关人员会面调研时，要考虑在何地会面交谈。在选择地点时，可以根据对方的性格和交谈的内容选择。常见的地点有办公室、公司楼下的咖啡厅、附近的茶馆等。

步骤5：Why（为什么）。

为什么要这样做？为什么会出现这样的问题？为什么有些数据需要用问卷来获得？为什么有些数据要通过财务部门甚至外部审计机构获得，有些数据是不是需要在上市公司的报告中寻找，我们为什么要用这种方法？

在调研诊断之前，多问自己几个为什么。这样有助于对本次的调研诊断活动有更深刻的理解，可以让自己站在企业的角度为他们设计真正需要的方案，而不是用傲慢的态度敷衍对方。

步骤6：How（怎样做）。

应该怎样一步一步实施调研诊断计划？

咨询师在做出调研诊断规划的时候，一个很重要的前提是要事先想好如何实施接下来的调研计划。比如，怎样才能把这件事做好，需要获得多少数据、多少资料，要访问多少人，要见多少相关人员，等等。这样才能做到胸有成竹，在接下来的工作中张弛有度、游刃有余。

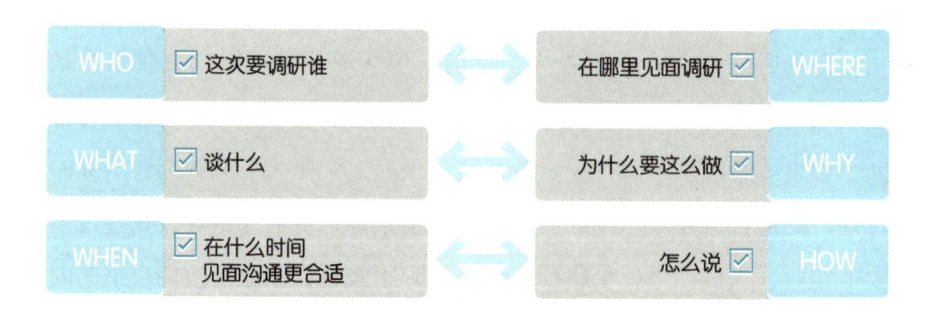

图 2-1　5W1H 事前准备

第二节　背景调查：每个行业的50个关键字

咨询师在提供咨询服务之前，要对企业所在的行业、背景或竞争对手的背景展开调查，这样可以掌握更多的信息，对企业提出的问题有更深刻的认识。因此，咨询师要收集与企业相关的资料，并对这些资料做出一定的整合分析。这样才能对企业有基本的了解，这是咨询顾问工作的基础。所谓"磨刀不误砍柴工"，咨询师一定要将这项工作做扎实，只有这样，接下来的工作才能立住脚，否则后续的工作再精彩、再丰富，也只是空中楼阁、镜花水月。关于背景调查，咨询师要掌握行业背景调查和企业背景调查两种调查方法。

一、行业背景调查

对企业的行业做背景调查以及了解企业所处的行业的基本问题是对企业的基本尊重，这也是赢得他们信任的关键。比如，如果有一家动力锂电池公司想要进行咨询，那么，咨询师首先应该了解这个行业最基本的问题是什么。答案是产能不足，在接下来的服务中可以以这个基本问题为支点进行展开。

对于不熟悉某一行业的人来说，想要快速了解透彻一个行业几乎是不可能的，更别说了解这个行业的基本问题了，而咨询师要做的恰恰是这样的工作。对于咨询师来说，服务的行业往往是他们不了解和不熟悉的。那么，咨询师应该如何快速了解这个行业并且进入工作状态呢？我们可以从以下五个方面为行业快速画像，使自己对该行业有基本、大概的认识，再结合平时的经验，触类旁通，从而解决这一难题。

第一，找到50个关键词。

每个行业都有50个关键词，只要找出这50个关键词，对该行业就能有一定的认识。咨询师可以通过了解企业的需求、请教业内人士、阅读专业书籍、上网搜索等方法收集行业关键词。

有一位咨询师接到一家女装电商企业的咨询请求。然而，这名咨询师是一位中年男性，平时并不了解服装行业，也很少从网上购物，对电商更是知之甚少。在接到这家企业的来电后，咨询师迅速展开行业背景调查，摆在他面前的第一步就是找出行业的50个关键词。为此，他向身边经常网购、喜欢打扮的"90后"女同事咨询，了解她们对女装电商行业的看法。在记录和提取这些看法和关键词后，他请女同事为他推荐几家网店，选中这些店铺中销量最高的几件服装，打开评论区，从评论区的有效评价中选取了一部分的关键词。此外，他还向一位经营淘宝女装店的朋友请教，又提取归纳了一些关键词。至此，他已经完成了40多个关键词的归纳，也从之前对此行业一窍不通，到现在有了大概了解。

第二，向行业专家请教。

有一句话叫作"站在巨人的肩上看世界"，这句话用在咨询行业同样适用。咨询师作为相关行业的介入者，尽管是为企业提供解决方案，但还应该对该行业保持谦虚的心态，切不可轻视行业的基本规律，不尊重专业知识。

在为新的行业咨询前，咨询师可以采取向行业专家请教的方法了解该行业，调查行业背景。一般来说，咨询师可以选取行业中有代表性的三四位专家，听取他们的基本观点，并阅读相关的书籍，了解这些专家对行业的看法，将其纳入行业背景调查结果中，这是我们了解行业知识最快的方式。在选择专家时，咨询师可以借助网络搜索工具，快速定位想要的信息，根据定位的信息，刨根问底，最后形成信息图谱。

某咨询师要为一家物流企业提供服务，但是对于物流行业，咨询师了解得并不透彻，他决定通过向行业专家请教来深入摸底该行业。那么，谁是物流行业的权威专家呢？这位咨询师其实也不清楚，但他有一套收集信息的方法。他是这样做的。

他先从百度上搜索物流行业，从相关链接中选取百度百科、物流行业最近的新闻资讯等几条信息。再从这些信息的正文和注释中找到发表过此观点或者讲话的专家名字。将这些专家的名字输入当当网的搜索栏中，搜索他们的图书作品。根据书名、评论数量、评论内容等分析判断这些专家的能力和学识，再根据当当网的关联推荐扩大专家的范围，在知网上搜索这些专家的论文。根据论文的内容和数量等判断专家的权威性。最后锁定三四位专家，下载他们在知网上发表的论文，并且还购买了他们出版的图书。

随后，他一边拜读这些专家的著作，一边寻找自己与专家之间的联系。最后，通过留校任教的同学，联系到其中两位专家。咨询师向这两位专家请教了不少物流专业的问题。再结合他之前读书的收获，很快，这位咨询师对物流行业就有了比较深入的认识。

第三，购买行业分析资料。

购买行业分析资料也是快速认识行业的一种方式，有一些专门以出售各行业分析资料为主的机构。咨询师可以根据需要，适当购买一些分析资料，便于快速了解行业知识，获取行业相关数据。

行业分析资料比从一般网站上搜寻的信息更全面，数据更丰富，但需要一定的费用，咨询师可以根据实际情况做出选择。

第四，企业网站。

从企业网站入手也是了解行业较快的一种方式。咨询师可以选择进入这家企业的网站、行业龙头企业的网站、竞争对手的网站等进行深入了解。此外，还可以从该企业的微信公众号、微博、抖音等平台了解和筛选信息。在这些企业网站中，有关于企业和行业的基本介绍，也有成功的合作案例以及相关的客户信息。

第五，企业年报。

咨询师还可以选定几家行业中的上市企业，从上市企业的年报入手了解该行业。因为上市企业都会发布年报和半年报，从中也可以找到很多核心数据和资料，这些数据和资料相对来说比较真实，而且也反映了行业的真实情况。

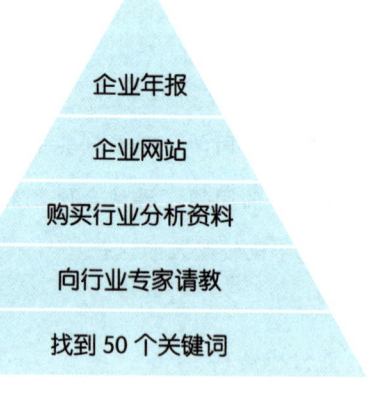

图 2-2　行业背景调查

二、企业背景调查

企业的背景调查与行业的背景调查相比，有相似的地方，比如都可以通过网络等途径进行；也有不同的地方，比如，就范围来说，企业的背景调查范围更小，目的性更强，更容易得出确切的结论。在对企业进行背景调查时，咨询师可以从以下六个方面展开。

第一，企业网站。

如今，许多企业都非常注重线上营销，会将企业的重要信息和新闻上传到网络上。一般来说，企业都有自己的官网，咨询师可以访问官网，从中了解相关的企业信息。除此之外，咨询师还可以从企业的官网上获取该企业的营业执照、法人信息、注册资金、办公地址、公司简介、成功案例等信息。

随着移动互联网的普及，很多企业开通了微信公众号、微博、抖音、百家号等，虽然信息没有官网上的那么全面和正式，但这些传播途径的优点是更新频率快，咨询师可以从中了解企业最新的新闻资讯、发展动态、经营理念等。再将获得的这些碎片信息与网站上提取的信息结合起来，就能拼凑出较为完整的企业形象。

第二，天眼查、企查查。

在互联网时代，咨询师一定要学会运用互联网工具搜寻自己想要的信息。在对企业背景的调查中，天眼查、企查查等企业查询软件是非常重要的工具，咨询师可以用来查询企业，理清企业间的商业关系，包括企业的工商信息、知识产权、风险信息、财务信息、企业关系等；还可以用来查询经营者的背景及与其相关联的企业等，从而获取自己想要的信息。

2021年9月有一家企业找到咨询师，希望能够为他们提供咨询服务。后来，咨询师通过天眼查发现这家企业光劳资纠纷就有几十起，而且还被列入失信名单。尽管这样的企业确实非常需要咨询服务，但是咨询师还是选择了放弃。为什么？因为企业经营者的价值观与咨询师的价值观差距太大，通过天眼查发现后就应该马上拒绝，避免造成损失。

（1）天眼查被誉为"普惠型浅度尽调工具"，基于权威部门和机构公开的数据，结合图数据挖掘技术、大数据技术、人工智能等，为用户提供相关的大数据解决方案，如数据采集、数据清洗、数据聚合、数据建模、数据产品化等。此外，天眼查还为用户呈现了可视化的商业关系，在深度挖掘和分析数据的基础上，为用户提供相关的风险预警。其中所包含的实时更新数据,能够让用户对风险有全方位的把控,从而找到适合自身的解决方案。

(2)企查查的功能与天眼查相似,都是基于云计算技术、大数据分析、人工智能等,为用户提供一站式风险解决方案。据企查查专业版官网显示,其主要服务内容包括企业画像、尽职调查、风险监控、数据终端、企云图、精准拓客、企业数据分析报告等。

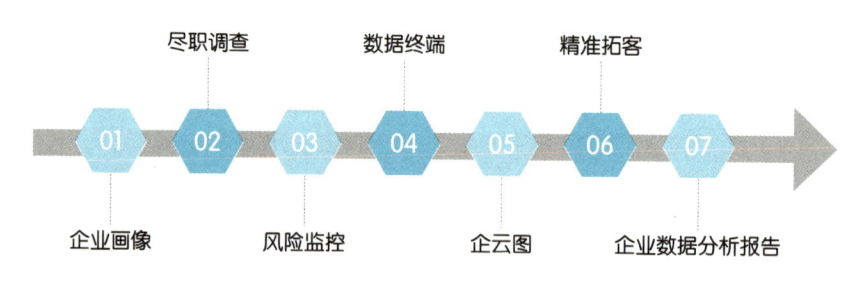

图 2-3　企查查产品功能

①企业画像的主要功能是综合工商信息、经营信息、风险信息、资质许可、舆情动态、信用评价等企业数据,为用户全方位呈现企业信息,还原企业画像。

②尽职调查的主要功能是根据央行235号、164号文的内容帮助识别非自然人用户的受益所有人。

③风险监控是通过对企业的实时监控和智能分析做到对风险动态的及时预警。

④数据终端是依靠大数据规范管理,帮助用户降低数据处理难度,提升数据质量。

⑤企云图的主要功能是为用户提供可视化图表,降低用户处理数据的难度。

⑥精准拓客则是为用户提供多场景的智能搜索功能，使用户即使在家中也可以轻松获客、精准营销。

⑦企业数据分析报告则是根据用户的需求定制相关企业数据分析报告。

第三，电话调查。

电话调查指的是咨询师设计好统一的问卷，通过给熟悉该企业的人打电话的方式调查了解该企业的信息。受访者包括在职或离职的员工、与该企业有合作关系的客户、企业的管理者等。电话调查有耗时短、费用低、速度快、范围广、误差小等优点，非常适合受访者多且不集中的情况，对于一些有"社交恐惧症"的受访者来说，电话调查能让其更加坦然地说出自己的想法。然而，电话调查也有时间短、访谈难以深入、答案简单，以及受电话设备的影响，受访者无法畅所欲言等缺点。咨询师可以根据实际需要进行选择。

第四，问卷调查。

咨询师还可以采用问卷调查的方式，通自己设计问卷，向目标人群发放问卷、回收问卷等方式获取自己想要的信息。

问卷调查的优点在于信息全面，获得的信息准确度高；而缺点是需要耗费比较长的时间，尤其在对企业的背景调查中，受访者不集中，调查行为不宜过于高调，很多受访者不愿意留下书面的材料。咨询师需要花费比正常问卷调查更多的时间和精力。

第五，网络调查。

咨询师还可以利用网络搜索工具，如百度搜索、搜狗搜索等，搜索与企业有关的新闻资讯和信息，再对收集好的信息进行分析，从而得出结论。例如，可以从搜索引擎中搜索该企业近十年来在行业中的排名，以及近十年新闻媒体对其的报道，组合成该企业的画像。

第六,实地考察。

实地考察指的是去被调查企业的附近,实地探访企业以及周边的环境,访问企业的员工以及周边的人,获取与该企业相关的一手资料信息,如企业规模、他人对企业的评价、加班时间、员工的年龄和性别分布、业务范围、企业架构等信息。通过这种方式获取的资料最直观,最有益于咨询师认识这家企业。

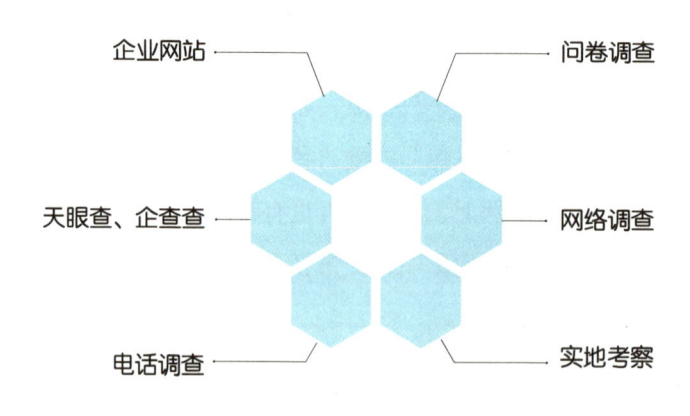

图 2-4　企业背景调查的方式

第三节　准备调研清单

咨询师在正式调研前,还需要准备一份调研清单。这份清单一般要在调研之前的两天内准备好。调研主要包括三个项目,即了解行业特点、企业特点及背景等;明确客户需求;提前准备拜访提纲。

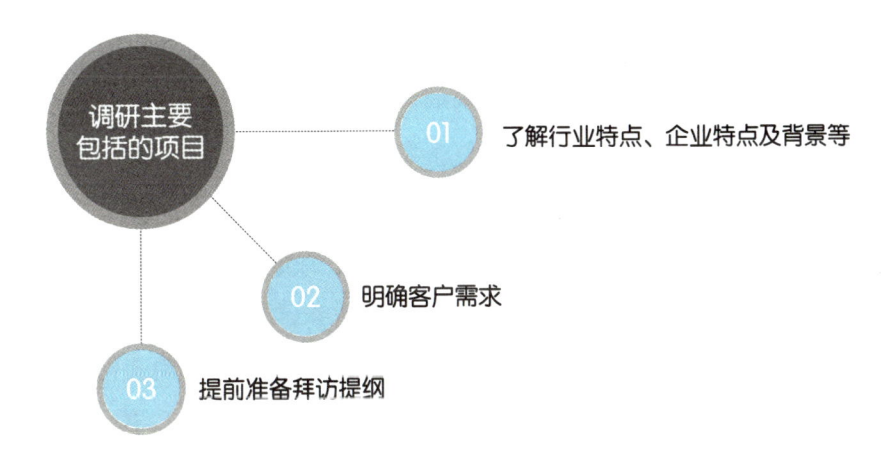

图 2-5　调研的主要项目

一、了解行业特点、企业特点及背景等

咨询师在提供咨询服务时要了解行业特点、企业特点及背景等。主要内容包括了解行业常见问题；企业规模、员工人数、业务范围；服务企业的企业文化、性质、架构。想要了解这些信息，可以结合上一节中介绍的背景调查方式，亲自掌握和了解一部分信息，再制作《诊断调研材料需求清单》，发送给企业的相关负责人，让对方按照需求清单提前准备好咨询师需要的相关资料，并尽量以电子档形式提供。

一般来说，当企业找到咨询师，希望能够为他们进行一个全面的调研和诊断时，咨询师在完成相应的背景调查后，会希望企业能够再提供一些详细的资料。由于是进行全面的调研和诊断，所以需要提供五个方面的信息，分别是战略规划与经营计划，市场、客户与产品，组织与财务信息，人力资源相关资料，企业生产和成本管理相关资料。

第一，战略规划与经营计划。需要提交的材料包括：企业最新发展战略规划方案或发展规划方案、企业最近版本的年度经营计划或商业计划。

第二，市场、客户与产品。需要提交的材料包括：企业目前对于市场、客户与产品的定位；企业目前的营销策略、销售政策、产品营销渠道；企业的业务模式或营销模式；上年度营销目标规划及达成状况数据；过去六个月所采取的促销方案执行情况一览表；客户投诉记录；营销管理方面的信息，包括各项营销业务流程、管理制度、营销人员管理、薪酬体系等。

第三，组织与财务信息。需要提交的材料包括：企业组织架构图、各部门职能说明书、岗位职责说明书；近三年销售收入、毛利率、净利润、资产周转率、库存金额、人均产值等；近三年制造成本、人力成本、营销成本、研发成本、质量损失占销售收入比；上年度资金预算表、资金预算执行表；服务与质量相关的制度、规范资料，数据分析资料或报表等；其他的未来需要在咨询过程中重点关注或提升的财务指标或运营效率指标。

第四，人力资源相关资料。需要提交的材料包括：人事资料表；薪酬、绩效、福利、激励等有关薪酬绩效的管理制度；员工任职资格说明及员工发展晋升通道；近三年企业员工离职率、前三名离职率较高的岗位及其离职率；企业目前的绩效管理制度及相关资料（制度、流程、表单、KPI库、考核表等）；企业各类管理会议制度或会议规定及最近半年的会议记录；企业员工手册；企业文化（包括价值观、组织制度、经营理念、控制理念等）。

第五，企业生产和成本管理相关资料。需要提交的材料包括：生产部门内部组织安排及基本职责、考核生产部门的各项指标及完成情况、生产周报、月报（近半年）；主要产品的工艺流程、生产布局情况；库存情况（近一年成品、在制、原材料情况）；主要采购产品清单、采购金额；主要供应商情况、供货时间、对供应商的付款方式；设备部门组织结构及基本职责、设备管理的基本指标及完成情况、设备保养的方式；质量部门内部组织安排及基本职责、考核的质量指标及完成情况、质量周报、月报（近半年）。

表2-1 调研诊断材料需求清单

项目模块	材料名称
第一部分 战略规划与经营计划	1.1 企业最新发展战略规划方案或发展规划方案
	1.2 企业最近版本的年度经营计划或商业计划
第二部分 市场、客户与产品	2.1 企业目前对于市场、客户与产品的定位
	2.2 企业目前的营销策略、销售政策、产品营销渠道
	2.3 企业的业务模式或营销模式
	2.4 上年度营销目标规划及达成状况数据
	2.5 过去六个月所采取的促销方案执行情况一览表
	2.6 客户投诉记录
	2.7 营销管理方面的信息，包括各项营销业务流程、管理制度、营销人员管理、薪酬体系等
第三部分 组织与财务信息	3.1 企业组织架构图、各部门职能说明书、岗位说明书
	3.2 近三年销售收入、毛利率、净利润、资产周转率、库存金额、人均产值等
	3.3 近三年制造成本、人力成本、营销成本、研发成本、质量损失占销售收入比
	3.4 上年度资金预算表、资金预算执行表
	3.5 服务与质量相关的制度、规范资料、数据分析资料或报表等
	3.6 其他未来需要本项目重点关注或提升的财务指标或运营效率指标

续表

项目模块	材料名称
第四部分 人力资源相关资料	4.1 人事资料表
	4.2 薪酬、绩效、福利、激励等有关薪酬绩效的管理制度
	4.3 员工任职资格说明及员工发展晋升通道
	4.4 近三年企业员工离职率、前三名离职率较高的岗位及其岗位离职率
	4.5 企业目前的绩效管理制度及相关资料（制度、流程、表单、KPI库、考核表等）
	4.6 企业各类管理会议制度或会议规定及最近半年的会议记录
	4.7 企业员工手册
	4.8 企业文化（包括价值观、组织制度、经营理念、控制理念等）
第五部分 企业生产和成本管理相关资料	5.1 生产部门内部组织安排及基本职责、考核生产部门的各项指标及完成情况、生产周报、月报（近半年）
	5.2 主要产品的工艺流程、生产布局情况
	5.3 库存情况（近一年成品、在制、原材情况）
	5.4 主要采购产品清单、采购金额
	5.5 主要供应商情况、供货时间、对供应商的付款方式
	5.6 设备部门组织结构及基本职责、设备管理的基本指标及完成情况、设备保养的方式
	5.7 质量部门内部组织安排及基本职责、考核的质量指标及完成情况、质量周报、月报（近半年）

有一家企业请咨询师帮助解决企业内部问题，在收到咨询师的《调研诊断材料需求清单》后，立刻安排人员着手整理。在此之前，该企业从来

没有这么详细和细致地整理过这些资料。负责人显得有些力不从心，并将这个情况汇报给了企业老总。企业老总在听取负责人的汇报后，立刻明白了咨询师的用意。与其说是为咨询师提供这些材料，不如说是让自己按照这五个部分先对企业进行梳理。

企业老总当下决定抽调各部门的得力员工，成立一个临时项目部，对这些资料进行梳理。同时要求这些员工在梳理的过程中建立材料管理档案，发现工作中存在的问题，并优化工作流程等。几天后，咨询师收到一份整齐、翔实的《调研诊断材料需求清单》。企业老总还亲自给咨询师打去电话："虽然你的诊断工作还没有开始，但是我觉得诊断的效果已经开始显现了。"

咨询师要将自己收集到的信息，与企业交付的信息整合在一起，进行深入分析。在分析企业提供的资料时，可以按照《调研诊断材料需求清单》上所罗列的五大模块进行。

需要注意的是，这样的表格并不适合所有企业。有很多咨询师在调研前就向对方发送了这份《调研诊断材料需求清单》，然而，当这张表格发过去之后，对方却这样回复："不好意思，你们咨询公司太不了解我们公司了，我们就是一个只有100多人，成立了一年不到的公司，你们要的这些表单、数据、制度文件，我们连10%都没有。"这种方式会让对方认为这个咨询师非常不专业。当你手中拿着一张表格去要求一家刚刚成立的小公司提供这些材料时，他们会想："你是认真的吗？你真的研究过我们公司吗？"

因此，咨询师不能随意地向企业发送《调研诊断材料需求清单》，而是根据他们的实际情况制作相应的个性化清单。遇到特殊情况，如初创公司，那么我们必须做好充足的事前准备，可以通过研究对方的背景及特点来进行准备工作并确定咨询方向。我们也可以通过其他途径来获取信息，例如，我们能为这家企业做到什么程度，我们能够得到多少数据和资料，我们要访问多少人，我们要与多少企业相关人员会面，等等。再根据这些信息制订与企业匹配的《调研诊断材料需求清单》。

事实上，这份《调研诊断材料需求清单》没有必要过早地发送给要服务的企业，甚至可以在进场后的两三天后再发给他们。在咨询行业，很多咨询公司都会提前将这份清单发给对方，让他们有充分的时间来准备。但实际上，通常会因为清单上的内容对方无法提供，或者咨询师对对方的研究不够充分，使双方产生误会，进而误以为对方不配合，这都是由于双方不熟悉造成的。因此，这份清单最好在进场两三天后再发送给对方。那时，咨询师对企业的情况有了深度的了解，可以根据他们现有的情况来完善材料清单，尽可能使这份调研清单和企业材料匹配。这时，再去制作并发送给对方，不仅能够准确地得到自己想要的资料，还能为双方的合作增添信任感。

二、明确客户需求

咨询行业从本质上来说是服务行业，咨询师为企业提供的产品是以服务的形式出现的。因此，在开展具体工作之前，咨询师一定要明确对方的真实需求，了解他们真正想要解决的问题是什么。

第一，从五方面入手了解企业需求。

咨询师可以从以下五个方面入手，全方面地了解企业的需求。

（1）企业及相关人员目前最关注的问题，需要达到什么目的。咨询师应该与对方进行深入沟通，了解其目前的处境，最想要解决什么问题，想通过咨询服务达到什么目的等；也要对相关人员的想法多加了解，明确他们目前的困惑和关注的问题等。

（2）服务的企业以前是否进行过类似的咨询，效果怎么样，存在什么问题。咨询师要询问对方，之前是否购买过咨询服务，如果有，那次服务的效果怎么样，有什么需要改进的地方，为什么没有再找那家咨询公司等；如果没有，希望咨询师能够为他们提供哪些方面的服务。在了解这些信息后，再优化自己的咨询方案，这样更能满足对方的个性化需求。

（3）企业对于初版方案的意见和建议。咨询师可以事先将调研诊断的初版方案递交给对方，在面对面沟通时，询问他们对此方案的意见和建议，根据意见和建议对方案进行修改。

（4）询问企业对我们的了解程度，需要我们提供什么建议、支持。咨询师可以主动询问对方对自己的了解程度，以及对本次服务有什么期望等。

（5）根据企业方接待人员的人数、职位、工作内容、性格特点等，确定关键决策人。咨询师要对本次接待人员的基本信息进行全面了解，这样才能更好地进行沟通，得到更多支持。

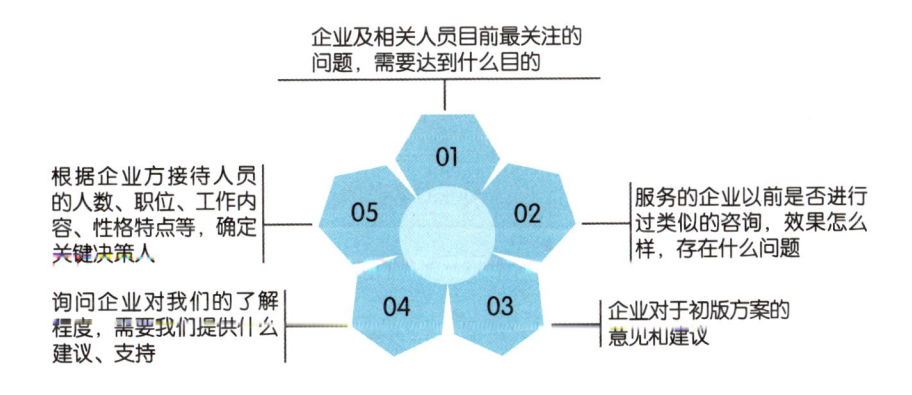

图 2-6　从五方面入手了解企业需求

第二，三种方式了解企业需求。

在了解企业需求的过程中，咨询师可以采用提问、倾听及观察这三种方式来了解企业的需求。

三、提前准备拜访提纲

咨询师要与企业相关人员约定调研咨询活动中拜访的具体时间、拜访人员、拜访具体流程等，提前做好拜访提纲。这样，企业方就可以根据拜访提纲提前准备好需要的资料和信息，从而提高工作效率。

表2-2 调研前的准备清单

时间	项目	内容
拜访之前的两天	了解行业特点、企业特点及背景等	1. 行业常见问题 2. 公司规模、业务范围 3. 企业文化、性质、架构
	明确企业需求，需要解决的问题	1. 企业及相关人员目前最关注的问题，需要达到什么目的 2. 企业以前是否进行过类似的咨询，效果怎么样，存在什么问题
拜访之前的两天	明确企业需求，需要解决的问题	3. 企业对于初版方案的意见和建议 4. 企业对我们的了解程度，需要我们提供什么建议、支持 5. 企业方接待人员的人数、职位、工作内容、性格特点等，确定关键决策人
	拜访提纲	确定拜访时间、人员、流程

第四节 召开项目启动会

在展开具体的调研计划之前，一定要落实一件事，即项目启动之后做调研，还是调研结束后在进场做咨询时开项目启动会。

第一，项目启动会的重要性。

项目启动会至关重要，项目启动会像什么呢？有些像年轻人的婚礼。事实证明，离婚率与婚礼双方家庭付出的金钱、参与的人员、婚礼规模的大小有关系。

其实我们想通过这件事来说明，婚礼是双方之间的一个承诺，也是双方家族的一种交流。项目启动会就像婚礼，通过这个项目启动会，通过企业高层管理者在项目启动会上的承诺，通过咨询师的介绍，让整个企业更全面了解咨询师能帮他们做什么。

在项目启动会上，咨询师要记住，少说对方的问题，多说我们的能力，例如，能帮对方做什么，提升哪些指标。

第二，合同签署的方式与项目启动会。

项目启动会是在调研前开还是调研后开？这个问题同样涉及咨询师与企业的合同签署。有的咨询师与企业是将调研和咨询捆绑在一起作为一份合同签署，即咨询项目中含调研部分。而有些咨询师为了尽快与企业达成合作，通常只签一份调研合同。因为调研合同价格低、周期短，很容易被客户接受。我们通过调研，呈现给企业一份分析报告，通过这份报告，获得对方进一步认可，达到承接整个咨询项目的目的。

现在，越来越多的企业开始选择后一种合同签署方式，即将咨询合同和调研合同拆分来签署。这种情况下，项目启动会一般在调研结束之后启动。

第三，了解对方的核心人物。

项目启动会结束后，接下来要展开调研计划，这时候，咨询师一定要研究对方核心人物，要有对方核心人物的信息。因为如果事先都没有了解对方核心人物的信息，便无法展开调研计划，访谈对象和问卷对象也就无法确定了。

第五节　制订调研计划

在正式调研之前，咨询师还要根据实际情况制订详细的调研计划。调研计划主要包括四项内容，即拜访时间、确定方案、参访人员及物料。

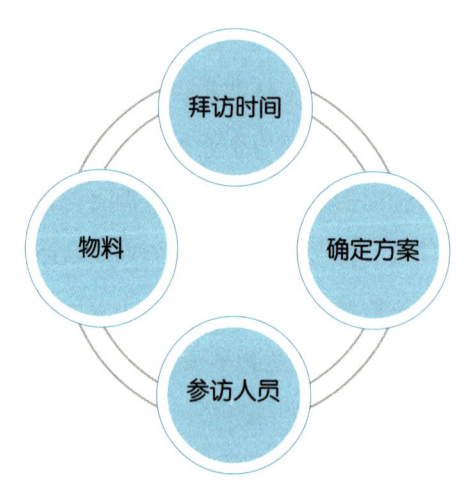

图 2-7　调研计划的内容

第一，拜访时间。

咨询师应该与企业方确定好拜访时间。拜访时间包括何时拜访、何时结束、拜访过程中的路线安排等。拜访时间要以调研清单中的拜访提纲为依据，以最近的实际情况为参考条件，确定符合实际情况的拜访时间。在拜访的前一天，咨询师应该与企业取得联系，以确认拜访能否如期进行。

第二，确定方案。

方案是咨询师调研的主要依据，在正式拜访和调研之前，咨询师要再一次确认方案，确认是否将前期了解到的企业需求及关注点融入方案之中，也可以与团队成员讨论，确定有无优化的必要。方案确定后，可以将其中需要企业方配合的资料，提前发给他们。

调研中有问卷发放计划和访谈计划，这些计划需要根据企业的人员安排。因此，咨询师应该提前从企业那里得到企业的员工名单，包括每位员工的职位等基本信息。咨询师再根据这些信息，制订相应数量的调研问卷。一些基本的调研可以在正式调研开始前进行，咨询师可以委托企业方先行下发调研问卷，收集数据、信息，再根据这些数据、信息优化调研方案。

除此以外，在确定方案时，我们还需要探讨一个核心问题，即调研中用到的工具和方法是哪里来的。调研通常采用的模式包括四种：问卷调查、现场访谈、现场走访及资料分析。无论使用哪种模式，都要明确调研方法和调研资料的产生逻辑，即明确咨询项目的核心业务单元是什么。例如，企业关注的是市场营销的调研咨询、企业供应链管理咨询、研发咨询，还是组织能力建设咨询等。咨询师需要先了解进行哪方面的咨询，咨询项目的核心业务单元包含哪些要素。只有找出核心业务单元，再对核心业务单元进行绩效分析，才能选择合适的调研工具和调研方法，从而制订一份让企业满意的方案。

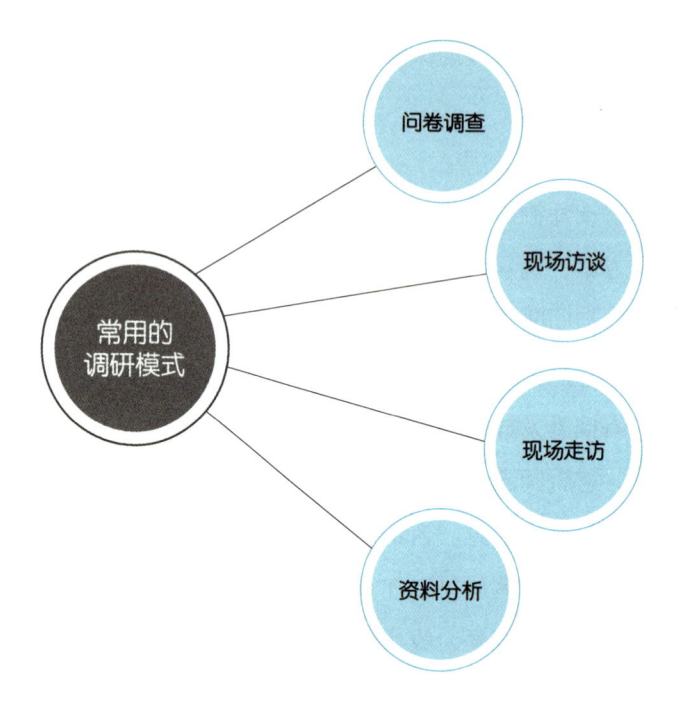

图 2-8　常用的调研模式

第三，确定我方参访人员。

调研和访谈不是一位咨询师单枪匹马就能完成的，需要团队的配合。因此，在正式开始调研前，要根据企业的需要，确认咨询公司一方的参访人员。这些参访人员主要包括咨询师、访谈助理、问卷助理等人员。咨询师要向所有参访人员介绍企业的基本情况及目前了解到的信息；要就企业的需求组织参访人员讨论关键问题，明确拜访目的；根据方案的内容现场分工并提前演练。

很多人认为，去拜访企业时，五六个人比较合适，在展现专业性的同时还可以表明咨询师公司的人员配备很完善。实际上，人数多并不一定好。拜访时最好只有三人，一位咨询师，一位助理，一位会议记录人员。而这三人中，如果咨询师是男性，那最好是"两男一女"的模式；如果咨询师是女性，那最好是"两女一男"的模式。这样的人员设置，人数虽然不多，却能显示出团队的专业性。同时，"一男一女"的助理和会议记录人员的搭配，则让整个团队在气势充足的情况下又不失柔和。

第四，准备物料。

在出发之前，咨询师要提前制作和准备好必需的物料，主要包括三方面。

（1）展示资料。展示资料主要是向企业展示自己的实力，与对方建立基本的共识和信任，让他们对此次咨询诊断充满信心。这些资料包括公司介绍（如手册、PPT等）、项目过往成果（如比较成功的咨询案例等）、课纲等。

（2）调研与访谈用到的相关物料。在调研和访谈中，会用到许多辅助物料，这些物料需要咨询师自行配备，如纸质的调研问卷、纸质的访谈卡片、录音设备、纸笔等。在这些物料中，有个别物料非常具有针对性，是咨询师在调研前根据企业的信息制作成的。因此，咨询师一定要对这些物料进行细致检查，确认印刷是否完整、是否有错别字等，一定要保证物料的专业性，这样才能给对方留下好的印象。

（3）咨询师还可以根据个人喜好和实际情况为对方准备一些小礼品，如本公司出版的工具书、带有本公司标识的台历等，给客户留下好印象的同时还能起到一定的宣传作用。记住，一定不能是贵重物品，必须是价格不高，但是有宣传作用的小礼品。

表2-3 调研计划的制订

项　目	内　容
确定拜访时间	拜访的次数、拜访的开始时间、预计结束的时间、路线等
确定方案	针对前期了解到的客户需求及关注点，再次优化修改方案，与成员一起讨论并确定最终的方案
确定我方参访人员	1. 根据客户的需要，确认我方参访人员 2. 向所有参访人员介绍客户的情况及了解到的信息 3. 组织参访人员讨论关键问题，明确拜访目的 4. 根据方案的内容现场分工并提前演练
准备物料	1. 展示资料（公司介绍、项目过往成果、课纲等） 2. 调研与访谈用到的相关物料（调研问卷、访谈卡片、录音设备、纸笔等）与小礼品（书、台历等）

第三章

Working Rules of Consultants

望、闻、问、切：调研体系全过程

在本章中，将详细介绍全调研体系过程，借用中医的诊断方法，将调研体系的全过程总结成了"望、闻、问、切"四步。

第一步，"望"，即观察，也可以引申为收集。具体到调研中，就是收集资料并分析资料。

第二步，"闻"，即在调研中实地调查。咨询师通过实地走访、感受和了解，从而对调研对象有更深的认识，获得更多的信息。

第三步，"问"，即通过访谈法对调研对象进行具体调研。

第四步，"切"，即通过问卷的方式进行调研。

第一节 "望"：收集资料

"望"，即观察，在中医中一般指观察病人的气色。用在调研中，就是对企业的材料进行观察分析。在调研准备阶段，我们已经介绍了对企业及其所在行业的背景资料收集，介绍了一些线上工具的使用。在这一节，我们将更详细地介绍如何收集与企业相关的资料，如何灵活地使用相关调研工具，以及如何获取行业重要数据。这些资料和数据的获取，是调研中的重要一环，这些资料的优劣程度，直接决定调研的质量。

对于咨询师来说，收集资料是咨询师最基本的能力，咨询师一定要掌握多种收集相关资料的途径，甚至要建立自己的资料库或信息库，收集到行业或企业的一手资料。这样，咨询师才能在行业中脱颖而出，成为专业、可靠、有价值的优秀的咨询师。

在调研过程中，根据客户咨询诊断的不同，资料的收集种类也略有不同，但总的来说，战略规划、市场、客户与产品、组织与财务信息、人力资源、企业生产和成本管理、组织架构图、岗位分布图、年度目标责任书、现有的管理制度、公司财务经营数据等资料，都是收集频率较高的资料。咨询师不仅要指导客户进行资料的收集，必要时，还要亲自动手收集资料。

一、向客户收集资料

在收集与调研相关资料的时候，优先考虑的是向客户收集。客户在其所在的行业中经营已久，掌握了多方面的信息渠道和资料源，且有些与其自身相关的资料只能由他自己提供。

在向客户收集资料的时候，要注意以下五个要点。

第一，要学会根据咨询的主题确定资料的清单。

在收集资料时，咨询师要遵循一定的逻辑框架，不能想到什么就让企业提供什么。这样不仅会让自己的思路一团乱，还会打乱企业的工作节奏，引起对方的反感，影响到信任关系的建立。此外，资料要按需收集，并不是越多越好，而是越精准越好，过多的资料不仅在收集时会花费很多精力，在整理分析时更会将咨询师拉入无尽烦琐的工作中。

以流程制度的咨询为例，咨询师可以按照人力资源、行政、财务、设计、开发、试验、生产、设备、采购、质量、运营、营销、信息、党群等进行分类，再根据自己咨询诊断的主题确定文件的项目。

以某制造行业的流程制度清单为例，当咨询包含所有项目时，各类别中包含的文件有以下这些内容（如表3-1所示）。其他行业的分类也可以参考这个表格进行。例如，当咨询师为企业提供人力资源相关的咨询时，只要选取与人力资源相关的类别即可，如人力资源、行政、财务等，其他的类别无须包含其中。这样处理文件，能够提高咨询的效率和精准度。当然，咨询师如果认为其他方面的某些资料有帮助时，也可以视情况将其纳入清单范围。

表3-1 某制造行业流程清单表

序号	类别	文件编号	签收人
1	人力资源	员工手册	
2		招聘录用管理办法	
3		岗位管理办法	
4		劳动合同管理办法	
5		员工职业发展通道管理办法	
6		绩效管理办法	
7		薪酬管理办法	
8		教育培训管理办法	
9		考勤管理办法	
10		社会保障管理办法	
11		人力资源信息管理办法	
12		离退休人员聘用管理办法	
13		员工福利管理办法	
14		后备人才管理办法	
15		人员交流中心管理办法	
16		培训供应商管理细则	
17		组织绩效管理办法	
18		员工教育培训经费管理细则	
19	行政	综合治理与保安执勤管理办法	
20		公务用车管理办法	
21		员工就餐管理办法	
22		员工活动中心管理办法	

续表

序号	类别	文件编号	签收人
23	行政	员工宿舍管理办法	
24		接待管理办法	
25		印章管理办法	
26		公文编制管理办法	
27		物品出门管理办法	
28		公共秩序管理办法	
29		工作通信管理办法	
30		办公用品管理办法	
31		合同管理办法	
32		外来文件管理办法	
33		固定资产招投标管理办法	
34		消防安全管理办法	
35		公共设施维修管理办法	
36	财务	个人借款管理办法	
37		专项营销费用管理办法	
38		固定资产管理办法	
39		国内差旅费管理办法	
40		低值易耗品管理办法	
41		销售和应收账款管理办法	
42		预算管理办法	
43		标准成本管理办法	
44		预付账款管理办法	

续表

序号	类别	文件编号	签收人
45	财务	发票管理办法	
46		目标成本考核管理办法	
47		废旧物资管理办法	
48		成本核算管理制度	
49		标准成本维护	
50		评审费支付管理办法	
51		进出口单证管理办法	
52	设计、开发、试验	模具制作管理办法	
53		新物料申请与认证流程	
54		科研项目试制流程	
55		产品图样和设计文件的签署规则	
56		产品型号及图号申请管理办法	
57		产品设计成本控制管理办法	
58		研究性试验管理办法	
59		对外科技申报管理流程	
60		标准电路管理办法	
61		科研项目后评价管理办法	
62		检测性试验工作流程	
63		物料替代管理办法	
64	生产	标准工时测算管理办法	
65		成品入库流程	
66		存货报废流程	

续表

序号	类别	文件编号	签收人
67	生产	产品流水作业实施细则	
68		生产计划管理办法	
69		岗位安全技术操作规范	
70		制造部文件信息传递流程	
71		关键工序、特殊过程管理办法	
72		车间现场 5S 管理办法	
73		成品出入库管理办法	
74	设备	计量器具管理办法	
75		电气设备安全管理办法	
76		设备管理制度	
77		临时用电管理办法	
78	采购	风险物料采购管理办法	
79		生产物资招标采购管理办法	
80		物料分级控制管理办法	
81		采购计划与采购预算控制管理办法	
82		外协、外购定价管理办法	
83		供应商管理办法	
84		物料退库管理办法	
85		存货流程手册	
86		物流运输管理办法	
87	质量	质量奖惩管理办法	
88		合格证管埋办法	

续表

序号	类别	文件编号	签收人
89	质量	过程检验管理办法	
90		抽样检验规范	
91		产品出厂检验规范	
92		产品封样管理规定	
93		QC 小组活动管理办法	
94		进料检验管理办法	
95		塑料件入库检验规范	
96	运营、营销	代理商管理办法	
97		客户信息管理办法	
98		销售价格管理工作流程	
99		成品出入库管理办法	
100		市场调研管理办法	
101		年度主营计划实施管理办法	
102		订单计划管理办法	
103		客户送样管理办法	
104		目录产品管理办法	
105		客户分类管理办法	
106		市场宣传推广管理办法	
107	信息	IT 资产申请购置管理办法	
108		办公计算机管理办法	
109		保密工作管理办法	
110		局域网用户管理办法	

续表

序号	类别	文件编号	签收人
111	信息	产品软件管理办法	
112		数据备份和恢复管理办法	
113		知识产权管理办法	
114	党群	员工疗养管理办法	
115		员工积分奖励管理办法	

第二，要明确告知企业需要哪些资料。

资料收集是我们最容易出问题的地方。我们经常会遇到这样的情况，在调研进场的第三天就已经发送给对方资料清单，但一直到调研结束，很多资料还没拿到手。而对方在提供资料的过程中，也会设置很多限制，比如，明确表示这些资料可以阅览，但阅览的过程中不能录音、录像、拍照。而在资料提供的过程中，极少提供原件，有些材料是复印件，有些材料是电子版。在资料收集的过程中很可能会遇到五花八门的问题。

因此，咨询师一定要在现场与企业的相关人员做好沟通工作，让对方尽可能按照我们的要求提供相关资料。咨询师要向对方提供相关的资料清单，明确告知他们需要哪些资料。在向对方索要相关资料清单的时候，可以将清单制作成签收清单，依次在表头标示序号、文件编号、版本、文件名称、签收日期、签收人、备注等信息。并对文件的顺序和文件名称做出规定，使文件显得整齐、有序。比如，规定电子文件的名称需以"序号+文件编号+版本+文件名"的方式命名，这样，所有的电子文件就会按照序号的顺序进行先后排列，十分方便查找。

以下是我们在为一家化工厂进行咨询诊断时制作的文件签收清单，比较具有代表性，可以供大家参考。

表3-2　A化工厂文件签收清单

序号	文件名称	签收日期	签收人	备注
1	《A化工厂周转桶回收协议》 相关表单：《A化工厂周转桶回收单》	7月25日		电子版
2	《A化工厂客户投诉热线管理制度》 相关表单：《A化工厂长效改进跟踪表》 《A化工厂品质环境异常改善要求单》 《A化工厂投诉登记表》	8月18日		电子版
3	《A化工厂保密合同（一般人员）》	8月19日		电子版
4	《A化工厂保密合同（核心人员）》	8月19日		电子版
5	《A化工厂合同补充协议》	8月19日		电子版
6	《A化工厂组织架构图及送货流程》 相关表单：《A化工厂成品出库单》 《A化工厂成品返库单》 《A化工厂订单登记表》 《A化工厂出货计划表》 《A化工厂派送登记表》 《A化工厂订单评审报告》 《A化工厂领料单》 《A化工厂原材料入库单》 《A化工厂成品入库单》 《A化工厂生产日报表》 《A化工厂配料缸生产记录表》 《A化工厂生产计划单》 《A化工厂出门单》	8月20日		电子版
7	《职位说明书》 主要包括： 品管部化验员、品管兼ISO专员、品管经理； 生产经理； 物控部采购主管、仓库主管、跟单员、计划主管、配送主管、司机、送货员、物控部经理； 财务经理； 人力资源经理； 事业部经理	8月21日		电子版

续表

序号	文件名称	签收日期	签收人	备注
8	《A化工厂车辆维修费用统计》	8月22日		电子版
9	《A化工厂车辆维护、维修管理制度》 相关表单：《A化工厂车辆日常维护作业检查项目表》 《A化工厂车辆维修（维护）申请单》	8月22日		电子版
10	《A化工厂驾驶员对事故、交通事故的应急措施》	8月22日		电子版
11	《A化工厂驾驶员考核表》	8月22日		电子版
12	《A化工厂送货员考核表》	8月22日		电子版
13	《A化工厂驾驶员得分表》	9月8日		电子版
14	《A化工厂送货员得分表》	9月8日		电子版
15	《8月份驾驶员考核明细及工资测算表》	9月8日		电子版
16	《8月份送货员考核明细及工资测算表》	9月8日		电子版
17	《A化工厂人力资源管理工作责权表》	9月12日		电子版
18	《A化工厂营运管理（不含客服）工作责权表》	9月12日		电子版
19	《A化工厂市场与客服工作责权表》	9月12日		电子版
20	《A化工厂操作工人薪酬与考核管理办法》	9月12日		电子版
21	《A化工厂货车驾驶员和送货员薪酬与考核管理办法》	9月26日		电子版

在资料收集的过程中，咨询师最好能去现场查看，这样能够对资料的情况有大概的了解。例如，确认资料是电子版还是复印件；对于不同类型的资料，未来应该留下怎样的记录便于分析等。咨询师去现场实地考察，有利于将这些资料的大概情况记在脑子里，提前部署并形成资料分析的框架和方案。

第三，要与企业明确资料提供的时间节点。

无论是要求企业提供资料还是其他物料，咨询师在与对方沟通时，一定要明确资料提供的时间节点，最好让对方出具明确的资料交付计划，并留给对方充足的准备时间。一方面，充足的准备时间可以让对方有足够的时间来做准备，不至于手忙脚乱，资料也会更加完备；另一方面，明确的时间节点和充足的准备时间能够让对方感受到足够的尊重。一般来说，只要不是过于复杂的资料，以提前两天通知对方准备为宜；而较为复杂的资料，则要事先与对方沟通，确认好提交时间。

第四，要与企业确定资料的准确性。

准确的资料是所有咨询诊断工作的前提。因此，咨询师在收集资料的过程中，一定要就资料的标准、精准度与对方达成共识。咨询师在与企业沟通时，尽可能让对方提供标准、准确的资料。错误的资料和过于陈旧的数据会影响咨询诊断的准确性。

在这个过程中，有一点要注意，那就是不要向对方提出过多的要求。在确认资料精准度这一步中，非常容易让对方认为咨询师提出的要求标准过高，这样的话对方会误认为咨询师在有意为难自己，接下来的工作就很难进行下去。这时候，咨询师要根据企业的实际情况，站在他们的立场上，设身处地地为对方着想，明确向对方表示需要他们提供最新的资料和数据，在这个前提下，尽可能要求对方提供那些他们容易获取的数据和资料。

第五，要做好资料的保密工作。

咨询师要严守职业道德，做好资料的保密工作，严禁将资料外泄、上传等。我们还是以表3-2的文件签收清单为例，在这个表格中，有"签收人"一栏，需要负责签收的工作人员在此签字。而当咨询师在签收这些文件后，代表责任已经形成，需要对文件做好保密工作。一般来说，在调研开始前，签署调研合同的同时，企业会与咨询师再签一份保密协议。根据保密协议的内容规定，如果咨询师在收到对方文件后，由于管理不善等原因将这些文件流失出去，不仅会对企业造成巨大的损失和不便，咨询师自身也将面临巨额的赔偿。

因此，咨询师在收到企业的文件资料时，要对这些文件资料做好管理工作。不要随意将这些资料保存在电脑里，防止别人将其拷贝走。项目组的成员离职后，也要确保他们没有带走这些资料，防止他们在之后的工作、行业会议、培训交流中，使用这些资料，造成恶劣的影响。

此外，还有一些资料属于借阅性质，借阅后，要按照约定的时间返还。因此，咨询师还需要就这些需要返还的资料制作一份返还清单，将借阅的资料按时、完整地返还给对方，并履行借阅时的承诺，不拍照、不复印、不泄密。

01 要学会根据咨询的主题确定资料的清单
02 要明确告知企业需要哪些资料
03 要与企业明确资料提供的时间节点
04 要与企业确定资料的准确性
05 要做好资料的保密工作

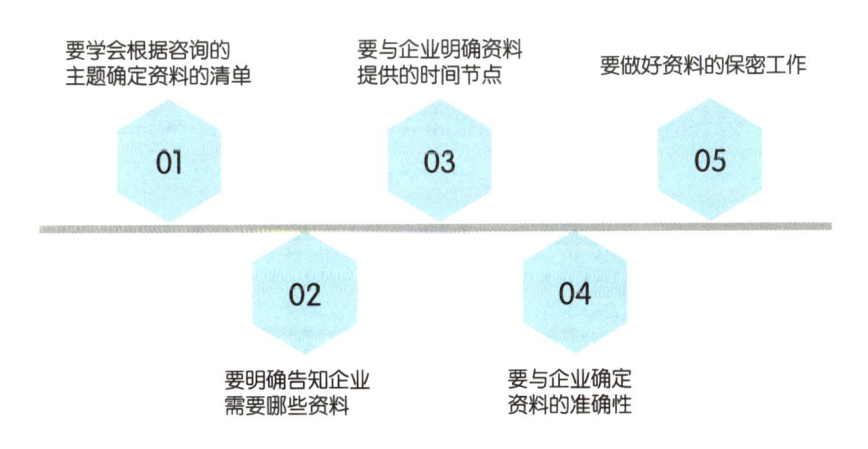

图 3-1　向客户收集资料时的注意要点

二、自主收集资料

很多咨询师认为收集资料是企业的事情，因此，一味地将希望寄托在对方身上，希望他们提供准确而全面的资料。殊不知，这是一种非常不成熟和不专业的想法，企业自然有必要为咨询师提供相应的资料，但当对方的配合度不高或者提供的资料不全面时，咨询师也应该学会自己动手收集资料。

咨询师自己收集的资料指的是一些不能直接从对方手中获取或者对方无法提供确切信息的资料。咨询师可以通过以下六种方式获取资料。

第一，查询整理公开的信息。

一些资料如果通过公开的渠道能够获得，那么，优先选择这种方式来获取信息，并整理成自己想要的格式或者模板，如统计局的数据、公司的年报、一些市场机构公开的调研报告等。

网络上的资料和数据每天都在更新和优化，如某年中国互联网企业营收数据、某年影音播放软件行业数据、世界杯期间各国零售数据等。咨询师要注意收集获取这些信息的渠道和方式。

第二，购买资料和数据库。

网络上无法直接得到的资料和数据，可以通过购买的方式获取。市场上有很多产品化的数据库，如Bloomberg、OneSource、Wind，等等。除了企业之外，有很多高等院校和研究机构也在使用这些数据库。咨询师可以考虑通过这种渠道来获取资料。在购买资料和数据库时，要注意项目超出预算并咨询企业一方的意见，如果对方不希望购买，认为花费太多，超出预算，那么咨询师最好选择放弃这种方式。如果需要的数据和资料确实非常重要，必须要购买，那么，咨询师可以选择与企业深入沟通并说服对方，或者自行购买。

第三，建立自己的资料和数据库。

最可靠和省力的方式是建立自己的资料和数据库。咨询师如果能针对各个不同的领域建立专业的资料和数据库，不仅在调研和诊断时能够迅速地调用资料和数据库里的资源，还能提升自己的专业度，并且能够依靠专业、全面的资料和数据库来吸引更多的企业前来咨询。

因此，在平时的工作中，咨询师要注意建立自己的资料和数据库。咨询师可以在完成每个项目的过程中或结束后，对本次咨询产生的资料和数据进行归纳和整理，将其纳入自己的资源数据库中。另外，在平时也要随时关注最新的业内资讯和数据报表，不断优化、升级资源数据库，做好资源数据库的维护。

然而，对于一些咨询师来说，搭建资料数据库是一件很麻烦的事情，他们更希望从专业的数据公司来购买已有的数据。这种思路并没有错，但要注意的是，有一些资料和数据无法从外界得到，在这种情况下，有必要自己搭建和维护一个小型的资料数据库。

第四，咨询业内人士。

有经验的业内人士能够为咨询师提供不少有帮助的信息。咨询师平时要注意搭建自己的人脉关系网，广交友，多走动。在关键时刻，可以调动手头的人脉，寻找到合适的业内人士，并向其咨询请教。甚至有些行业专家会收集和销售资料和数据，咨询师可以通过这些行业专家购买到想要的资料和数据。

第五，从行业周边入手。

咨询师在收集资料和数据时，还可以转换思维方式，从一些不常见的角度入手获取资料和数据。有时，获取资料通常会以一种意想不到的方式进行——从相关行业的周边入手，收集相关资料和数据。比如，我们可以通过招聘网站上对某一岗位工作人员的需求量和任职要求，来分析行业的规模、发展速度等一些基本情况；我们也可以通过前来应聘的工作人员来了解同行业的信息和数据；我们还可以通过上游的供应商和下游的经销商来了解相关行业的数据和信息。

很多人力资源专员出身的咨询师，在收集资料的过程中，除了使用常规的方式外，有时还会用人力资源的方式收集。如，通过招聘时与应聘者进行电话面试、现场面试等方式从对方手中获取行业资料。这种方式虽然不常规，却也为资料收集提供了一种新思路，并且在实际运用中取得了非常好的效果。当我们希望掌握一个新兴行业的核心资料时，如果发现市场上没有这个行业的数据，我们无法通过公开的渠道和途径收集到资料和数据，那么应该怎么办呢？可以找猎头公司帮忙，目前这种方法多用于薪酬调研方面。

第六，使用调研工厂等工具获取。

咨询师在尝试了以上几种方法之后，如果还是没能收集到自己想要的数据和资料，那么可以尝试自己深入一线去调研获取。比较常见和实用的调研工具包括调研工厂等。

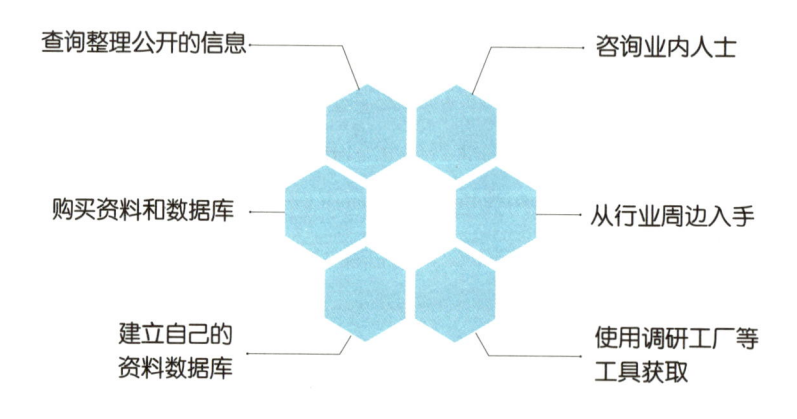

图3-2 自主收集资料的方式

在实际的咨询工作中，咨询师遇到过很多与调研相关的难题，主要体现在以下六个方面。

（1）免费功能简单，专业功能昂贵。虽然市场上大部分问卷调查产品都有免费的功能和服务，但是比较简单，无法满足专业需求。而如果想要使用专业化的功能，则要另外支付几千甚至上万元的费用，这就有些过于昂贵。

（2）缺乏基于互联网的明察暗访工具。与明察暗访相关的互联网调研工具太少，无法满足庞大的市场需求。

（3）无法通过App开展面访、监督工作。现有的调研工具存在无法很好地解决监督访问员的工作，也就无法合理地结算访问员的劳务费等问题。

（4）数据质量参差不齐，数据质控面临挑战。比如，在网络调研中经常会遇到"羊毛党"刷题、机器人作弊等情况，在明察暗访和面对面访问时也会出现虚假面访、访谈不认真、虚假报表等问题，数据质量监控面临着巨大的挑战。

（5）线上强大，线下薄弱，数据整合困难。网络调研工具针对线上和线下的功能差距太大，使得数据整合很困难。目前线上网络调查工具的功能都很齐全，也很强大，能够迅速、方便地满足调研的需求，然而针对线下的面对面访问和电话调查等访谈方式的工具则很少，导致线上和线下的差距过大，调研员无法有效地整合相关数据。

（6）调研培训效果差，反复培训成本高。很多调研的培训都流于形式，需要反复培训，效果差、成本高。

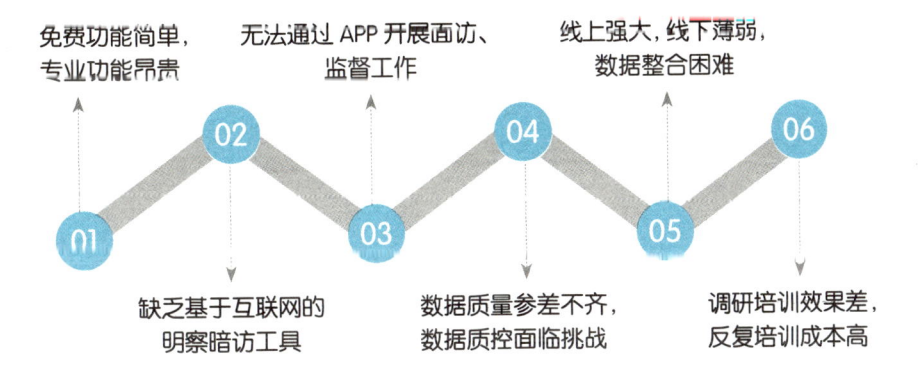

图 3-3 调研行业的六大痛点

第二节 "闻"：实地调查

实地调查指的是咨询师到指定的地点去调查研究，向被调查者收集一手资料的过程。咨询师在这个过程中，要特别注意掌握实地调查的常用方法和步骤。

一、实地调查常用的方法

常用的实地调查方法有三种，即观察法、实验法和问卷法。

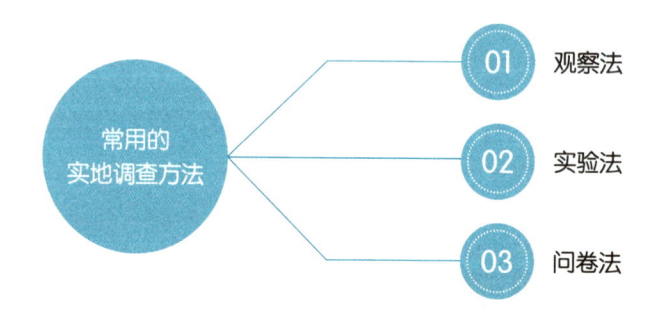

图 3-4　常用的实地调查方法

第一，观察法。

观察法指的是咨询师用直接观察的方式调研事物并收集资料。例如，咨询师在某个工作日的上午来到某企业直接观察员工的工作状态。观察法在实地调查中比较常见，是一种直观、方便、实用的实地调查方法。但是，这种调查方法的缺点是受主观性影响较大，收集到的资料很难量化。

第二，实验法。

实验法指的是咨询师用实验的方式，将某个现象放入某种条件下观察来获取信息。例如，组织一次产品的试用会，请参与者试用产品并给出建议，这就是实验法。

第三，问卷法。

问卷法指的是将想要调查的问题设计成问卷，发放给调研对象，通过收集调研对象的问卷获取资料信息的方式。

不仅在实地调查中，而且在整个调研诊断活动中，问卷法也是一种非常常见的方法，是咨询师需要重点掌握的方法。

二、实地调查的步骤

实地调查过程中不确定因素众多，因此要因人而异、因事而异，咨询师在具体进行实地调查时，可以根据实际情况随时调整计划和重点。但总体来说，以下五点是在进行实地调查过程中应该遵循的步骤。

第一，确立调查目的。

调查目的是进行实地调查的主要纲领，确立调查目的相当于确认了调查的方向，之后的调查工作将有迹可循。因此，咨询师在进行实地调查之前，一定要多问自己几遍，为什么要进行此次调查，此次调查主要想要了解哪些信息等。

明确的调查目的可以让咨询师少走弯路，避免调查方向的错误。

第二，确定调查方法和架构。

在明确调查目的后，需要明确的就是调查方法和架构。调查方法和架构的设计，指的是在进行实地调查之前，对调查工作进行全面的规划和设计，用最小的成本和最实际的方式来完成实地调查，从而获得最可靠和最适用的资料数据。

调查方法的确定主要包括问卷调查方式的选定，用哪种问卷调查方式，是否采用访谈法等。

调查架构的设计主要包括问卷设计、实地考察表设计、抽样设计、人员选择及访前训练等。需要注意的是，咨询师在设计这些架构时，要根据实际情况进行，并尽可能使这些设计符合科学要求，且内容充分翔实，易于量化。以下是某企业的实地考察表，可供参考。

表3-3 某企业实地考察表

考察项目	考察内容	考察关注点
工厂管理	1. 厂房建筑物结构如何	钢混或砖混结构、多层或单层
	2. 厂区传达室的接待情况如何	有无传达室，外来人员来访是否需要登记或自由进出
	3. 厂房、车间内是否清洁、整齐、有秩序	是否井然有序，清洁明朗
	4. 生产车间物料摆放情况如何	功能区分是否明确；是否有足够的面积；各原料、成品是否摆放有序；卫生管理是否良好
	5. 现场有无适当标示	标识是否清楚明晰；物料摆放是否整齐
	6. 对安全生产有无明确规定	现场是否能看到各种安全警告标识
	7. 消防器材配备是否齐全，放置的位置是否合适	现场能否看到各种消防器材，是否配备齐全，并定期检查；消防器材是否安装在明显位置，并随手可取
	8. 机器设备新旧程度如何	现场机器设备是否崭新，油漆光亮，整洁干净；是否有颜色不一、油漆脱落、油污等现象

续表

考察项目	考察内容	考察关注点
工厂管理	9. 企业员工是否着工作服	车间、办公室工作人员是否统一着工作服
	10. 办公场地区分是否明确	生产车间和办公室是否分开；是否有独立办公楼
	11. 厂房、办公室的产权归属情况如何	厂房、办公室是租赁还是自有
生产能力	1. 考察当天生产车间运作情况如何	所有设备是否全部正常运作；现场是否繁忙
	2. 车间原材料、成品情况如何	原材料、成品是否堆满车间
	3. 生产班次如何	工人是否紧张繁忙；是否只有白班或需要倒班
库存与出货	1. 所有物料包装、储存是否得当	仓库防水、防潮是否符合要求；能否确保物料不受潮
	2. 仓库内是否清洁，有无适当标示	仓库内物料是否摆放整齐；各区域是否有明确区分；物料是否有适当标示
	3. 仓库出货区作业是否繁忙	仓库是否出货、进货较多；有多少辆货车进出

第三，展开实地调查。

在进行实地调查时，咨询师与其调查团队最好每天都对当天的调查结果进行审核，以减少非统计性偏差，使抽样调查的精准度更高。咨询师要严格掌控和把握每天的调查进度，敦促团队成员认真、负责、按时地完成调查工作。此外，咨询师还应该及时组织团队成员对调查工作进行复盘，查漏补缺，总结并分享经验和方法，使调查工作的效率和水平日益提高。

20多年前，欧美的大型企业经常派人到国内的各供应商企业中进行实地调查。那些经历过验厂的人常常被其他企业挖去做管理人员，因为这些企业知道经历过高标准验厂的人，一定能够帮助自己的企业提升管理和生产水平，通过验厂，并保持供应商资格。

有一家工厂接待了一批美国的考察者。在考察之前，这家工厂做了充分的准备，花了很多力气来规范和整顿生产车间。考察组来了之后，第一天的考察重点竟然是工厂所有的洗手间，无论是宿舍还是车间，甚至仓库，所有的洗手间他们都要去看。除了洗手间，食堂也是他们重点的考察目标之一。甚至还去查看每间宿舍住了多少员工，每间宿舍的卫生状况。最后，考察完工厂的消防等相关设施后，便离开了。

工厂的员工特别不解，这些美国考察者是来检查产品质量的，为什么只看了卫生间、食堂、宿舍，还有消防设施，根本没有去看车间的生产制造和品质管理，就离开了呢。工厂特意请教了考察人员，他们做了说明后，这才解开了人们心中的疑惑。

考察者不但去卫生间看了，连每一个卫生间覆盖的车间人数和蹲位数的比例都做了测算。工厂以女员工居多，但是男厕所和女厕所盖得一样大，女厕所明显蹲位不足。女员工上厕所还要排队，就浪费了很多时间，这就是工厂的问题。

考察者根据厕所的蹲位数、人均上厕所时间和次数，以及工厂人数等测算出来，因为上厕所的问题，工厂浪费了很多时间。另外，考察者通过工厂的食堂、宿舍了解工厂对员工的尊重程度和工厂的管理水平。卫生间、食堂是最能体现企业管理水平的地方。当然，所有的考察者都更关注消防问题，否则会造成非常大的损失，所以考察者对这些隐患看得远远比品质管理更重要。

这是20多年前的实地调查，那时已经能通过卫生间、食堂、宿舍、消防设施等来了解企业的情况。如今，人们实地调查的技术和方式更加丰富，只要留心观察，积极实践，一定能找到适合自己的、实用的实地调查方式。

第四，分析整理资料。

在完成实地调查工作后，要回收所有的表格和问卷，并安排工作人员将这些一手资料加以编辑、汇总、制表等，整理成可以随时提取和使用的资料。在此阶段，主要包含下面四道程序。

（1）编辑。即将调查资料中不可靠、不准确以及与调查目的没有太大关系的资料剔除，留下可靠的、有参考价值的资料，并对其进行一定的排序。

（2）汇总及分类。指的是对调查资料进行大概分类和汇总，再依据调查目的和资料使用情况对其进行更为详细的分类。

（3）制表。将分类好的调查资料进行统计后制表。一般制表的方式有三种。其一，简单制表，即将档案分类后制成简单的统计表；其二，交叉制表，即将两个问题的答案联系起来，以获得更多的资讯；其三，多变数间关系分析，是将两个以上问题的答案联系起来，以获得更多资讯，如因子分析、回归分析、组群分析等。

现在借助计算机及相关分析软件，制表统计变得更加方便且准确度也更高。

（4）阐释统计资料。实地调查获得的资料在搜集、整理和分析之后，最终的目的是提出调查结论并解释结论的含义。因此，咨询师要根据这些资料和自己的实践经验对其做出一定程度的阐释。要注意的是，阐释的对象是企业的相关人员，因此在阐释时，除了体现内容的专业性，还要体现内容的可读性和实用性。

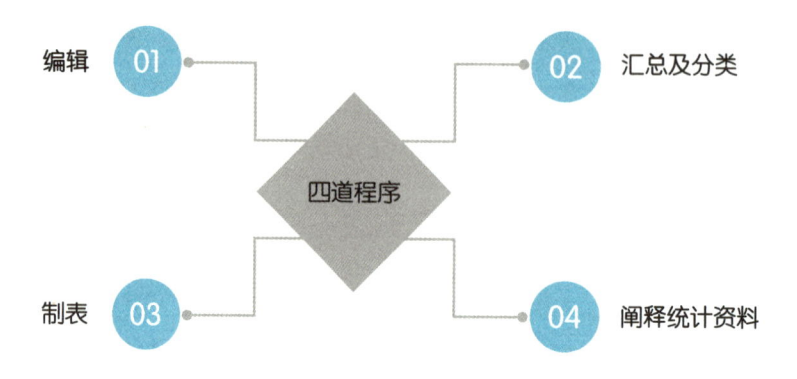

图 3-5 分析整理资料的四道程序

第五，提送报告及追踪。

实地调查结束后，咨询师要撰写实地调查报告并追踪项目的进程。

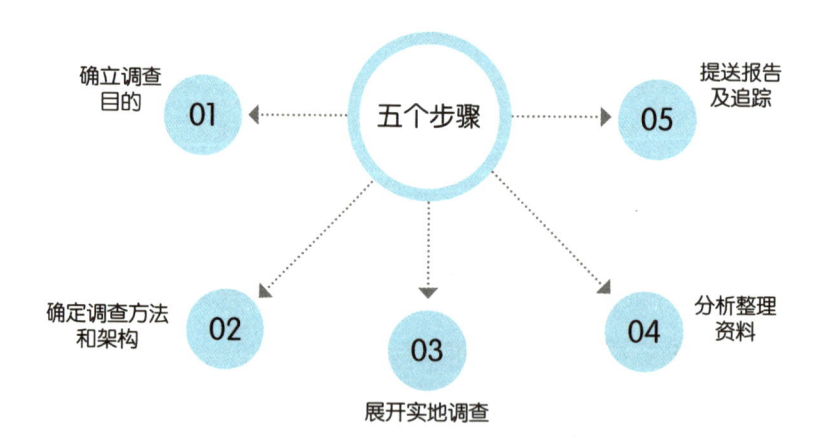

图 3-6 实地调查的五个步骤

在撰写实地调查报告时，咨询师需要注意四个要点。

（1）提出的建议与企业的实际状况和市场变化相符，建议具备一定的可行性。

（2）企业应该如何实现建议，这一点咨询师要阐述清楚。

（3）对于给企业的建议，要有实际和具体的内容作为支撑。

（4）最好列出多项综合的、循序渐进的建议，不要只提一项单一的建议。

第三节 "问"：访谈调研

访谈法是一种重要的调研方式，也是咨询师必须掌握的技能和方法。对于企业来说，他们对咨询师的唯一印象可能就是来自访谈。好的访谈不仅能够帮助咨询师获取想要的信息，还能够给对方留下好的印象，提供了再次合作的可能。

一、访谈法的基本特点

访谈法是访谈者通过与访谈对象有目的地交谈以收集研究资料、了解社会事实的一种方法，同时，访谈法也是一种有目的、有计划、有方向的口头交谈方式。访谈法一般适用于访谈对象具备一定的感知理解能力和语言表达能力，且访谈者想要深入了解访谈对象的态度和观点，或访谈者想要了解访谈对象对某 事件的看法。

访谈法的优点有很多，主要包括三方面。

第一，相对于其他调研方法，访谈法最突出的优点是交互性，即访谈者和被访谈者之间的心理特征、期望、态度、知觉、动机和行为等可以产生相互作用。

第二，访谈法带有很强的目的性和规范性，研究对象的回答率会大大高于问卷调研法；调研的内容带有很强的机动性，随着谈话的深入，访谈者可以随时发现新问题，或者就某一问题进行深入的交谈。

第三，访谈者还能通过使用语言和访谈等技巧，有意识地控制整个访谈过程，保证资料的有效性和可靠性。

当然，访谈法也有比较突出的缺点，主要体现在访谈成本高、匿名性差、对访谈者的依赖性高、受环境影响大、资料记录难度大、标准化程度低等。

因此，咨询师可以根据实际情况选择是否使用访谈法。一般来说，在调研企业资料时，会优先访谈企业中高层管理者，再调研基层管理者和员工。

二、访谈的类型

按照访谈问题设计要求可以将访谈分为结构访谈、非结构访谈和半结构访谈；按照访谈人数，又可以分为个别访谈和群体访谈。这五种访谈是比较基本的访谈方式，对于咨询师来说，需要了解这五种访谈的特点，以便在实际访谈中能够选择合适的访谈方式。

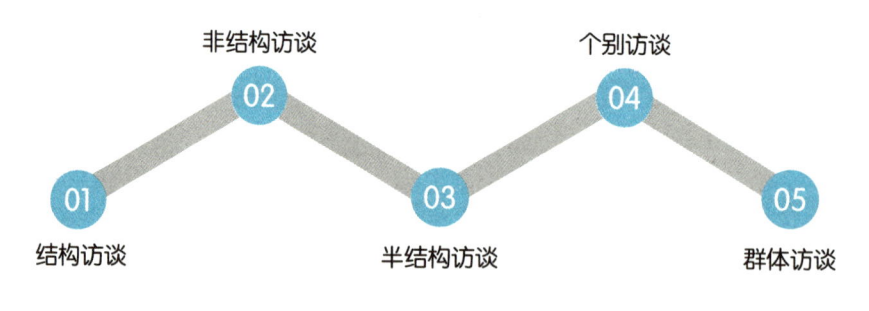

图 3-7 五种访谈类型

第一，结构访谈。

结构访谈是一种标准化的，将访谈法和问卷法相结合的访谈方式。在访谈时，访谈者按照事先准备好的问卷和调查表与调研对象进行访谈。在访谈过程中，访谈者需要使用结构式问卷、访谈员手册和调查表等调研工具，采用一问一答的方式进行访谈。这种访谈方式的优点是标准化程度高、对访谈员的依赖少；缺点是访谈过程缺乏灵活性，无法对问题进行深入访谈。

表3-4 结构访谈示例（公司日常经营活动）

序号	项目	不需要帮助	有时需要帮助	总要帮助
1	编辑汇报、制作报表			
2	与客户交流			
3	独立完成项目			
4	追讨欠款			
5	总结工作			

第二，非结构访谈。

非结构访谈一般是在调研内容和调研方向上拟定好主题和方向，访谈内容和访谈方式都没有限制和规定，自由度很大。例如，在《基层员工对管理干部特点的自由描述》访谈中，访谈员提问："请您告诉我，您觉得您上司的典型特点是什么？"

这种访谈的优点是访谈者可以根据被访谈者的特点和情境做出反应，比较适合时间宽裕的被访谈者。这种访谈方式建立在观察的基础上，比较适合用于正式访谈之前，与被访谈者建立友好的关系时。此外，一些敏感的话题也比较适合用非结构访谈的方式进行。

第三，半结构访谈。

半结构访谈是建立在已经列好的访谈提纲的基础上。在访谈前，访谈者根据被访谈者的情况和访谈目的，列出此次访谈的大纲，并将想要访谈的问题按照顺序列出。在访谈过程中，自由度高于结构访谈，低于非结构访谈。访谈者一直处于主动地位，能够控制谈话的内容和进度。

第四，个别访谈。

个别访谈指的是与访谈对象逐一进行单独访谈，这是访谈法最基本的形式。个别访谈既可以是结构式的，也可以是非结构式的。个别访谈的对象既可以是抽样确定的，也可以是非抽样的个案。如今，在个别访谈的基础上还发展出了间接式电话访谈。

第五，群体访谈。

群体访谈指的是访谈者在一次访谈中同时与多个对象进行访谈，也可以座谈会的模式展开。群体访谈既可以是结构式的也可以是非结构式的。

结构式的群体访谈是将需要访谈的群体集中到同一个场所，由访谈员向每个访谈对象提供一份结构式问卷，集中向访谈群体宣读问卷中的题目，并告知各访谈对象应该如何填写，直到问卷填写完毕。在这个过程中，访谈员可以根据实际情况对问题做适当的口头解释，以保证每名访谈对象都能正确理解、填写问卷。

与个别访谈相比，结构式的群体访谈更节省时间、人力和经费，能够快速取得大量数据和资料；与普通的问卷法相比，它又能保证较高的问卷回收率，使访谈对象对题目的歧义减到最低。值得注意的是，在访谈过程中，访谈员要注意调节气氛，防止"集体气氛的心理压力"，在访谈对象填写过程中注意保密性，在解释题目时不可以做过多的主观性引导。

非结构式的集体访谈，就是我们通常所说的座谈会或调查会，主要特点是按照一定的调查主题或提纲，进行开放式的座谈。

三、访谈提纲的设计

正式的访谈一般采用结构访谈或者半结构访谈，因此，要事先设计好访谈提纲。一般来说，访谈提纲中包含两方面内容，即一般性问题和深入问题。一般性问题即基础问题，是访谈对象不需要思考太多就能回答上来的问题；而深入问题是此次访谈调研需要解决的问题，也是设计访谈提纲时要重点关注的对象。在设计访谈提纲时，可以分为四个步骤，即收集、排序、转换和扩展。

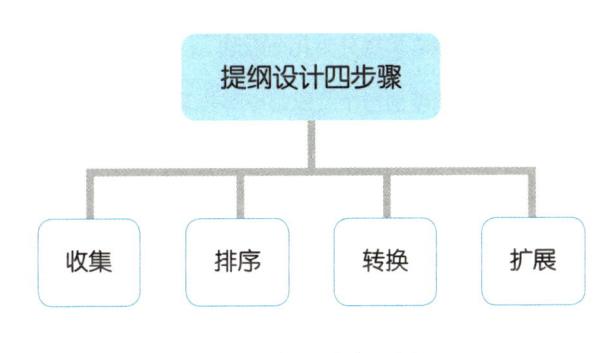

图 3-8 提纲设计四步骤

第一，收集。

收集指的是收集企业提出的需求，即对方聘请咨询师具体想要解决什么问题。咨询师可以以企业想要解决的问题为中心，深入挖掘其内在需求。收集的主要途径是沟通，通过不断与对方沟通，将之前不清晰的需求明晰化。

在对对方的企业经营战略、企业组织管理、人事管理、市场营销管理、财务管理等进行咨询时，可以参考表 3-5 的要点。但这些要点不能直接作为访谈问题，还需要进一步优化和提炼，否则，这些问题将会变成访谈的反面例子。

表3-5 访谈要点

项目	问题
企业经营战略	是否有明确的、长期的企业经营战略目标
	企业经营战略目标的内容是什么
	企业经营战略目标是否有较强的针对性
	企业经营战略是如何制订的
	企业经营战略措施是否有利于提高和发挥企业的优势
	是否有明确的企业经营战略措施
	企业经营战略步骤分为几个阶段
	企业经营战略的每个阶段都有哪些具体任务
	企业经营战略措施的预计收益有多大
	企业经营战略实施的代价
	企业经营战略的群众基础
	企业经营战略的贯彻效果
	实施企业经营战略的能力
企业组织管理	企业业务程序
	企业组织采用何种形式
	经营组织的内部管理层次
	企业组织的管理幅度
	管理者的授权程度
	各职级权责是否明晰
	企业决策素质
	企业的计划能力
	管理者的素质、领导方式

续表

项目	问题
企业组织管理	内部信息沟通是否顺畅
人事管理	员工与职位是否匹配，是否做到精简
	工资和福利制度是否能起到激励作用
	激励和约束机制
	选人、用人方式
	是否有完善的绩效考核体系
	人才的使用情况
	员工的满意程度
	人才流失情况
市场营销管理	新产品开发能力
	分销渠道是哪种类型
	影响分销渠道的典型因素是什么
	企业对渠道的控制力
	企业解决渠道冲突的能力
	企业考核和激励渠道成员的方式
	企业能否根据外部环境的变化来改变分销渠道
	营销手段是否符合产品生命周期
	是否有明确的广告促销预算
	广告预算是如何制订的
	企业如何确定广告的出发点
	企业如何衡量广告的效果
	企业价格策略是否合理

续表

项目	问题
市场营销管理	企业促销的规模有多大，是如何确定的
	企业如何培训促销员
	企业对促销员的考核和奖惩制度
	企业对新产品的推广能力
	企业是否有明确的推广目标
	企业产品推广的效果
财务管理	企业的财务制度是如何制订的
	账目是否清晰
	财务预算在企业中的运用
	是否有资金使用计划
	是否做到专款专用
	资金的流动性
	资金的利用率
	企业的负债比率
	成本核算是否准确
	企业的融资能力

第二，排序。

企业的需求有很多，可能既想解决管理问题，又想解决财务问题。这时，咨询师要将这些需求进行排序，优先解决最为关键、最为重要的需求。

第三，转换。

企业提出的需求一般都比较具体，描述的是一个现象，比如，长期以来，离职率很高，希望降低离职率等。这时，咨询师要将这些现象进行分解，然后转换成一般性问题，从而找到问题的根本原因。

第四，扩展。

有些问题转换后变成很抽象的问题，没有办法直接回答，这时，就要借助工具如前文介绍的5W1H等将其扩展成可以回答的问题。

以下是某咨询师为某企业人力资源部门的工作人员设计的访谈清单。

1.过渡性问题（可选）：
如何理解本次项目？
对项目的期望是什么？
2.企业战略及业务发展关注度问题：
企业本年度的战略是什么（学员级人员可选）？
企业从上到下最大的压力或挑战是什么？
来自业务部门的压力或挑战是什么？
3.人力资源部门的相关问题：
企业的战略方向对人力资源部门有哪些影响？
目前人力资源部门的职能中有哪些缺失或优化空间，可以提升部门价值和满意度，以及公司业务发展需要？
集团化的人力资源部门与其他单体公司的人力资源部门有哪些区别？
4.来自横向协同和下属专业指导问题的思考：
对横向人力资源部门内的流程或沟通协同有哪些不满意的地方？
来自分子公司或事业部人力资源部门的压力或挑战是什么？
5.个人发展规划及自我认知问题：
个人职业发展的方向是什么？将来要走专业路线还是管理路线？

规划的下一个上升职位是什么？

从现状来看，需要提升的能力有哪些？需要增加经验的方面有哪些？

四、访谈的程序

在访谈过程中，人员一般有提问者、记录者和被访谈者。咨询师在访谈过程中，一般充当提问者的角色，由于被访谈者多为企业的管理人员，他们不希望访谈的内容被泄漏出去，因此要事先提醒记录者不要在没有征得同意的情况下使用录音设备。访谈的程序包括访谈的准备、进入访谈、控制访谈、访谈记录、结束访谈、对访谈内容整理分析六个部分。

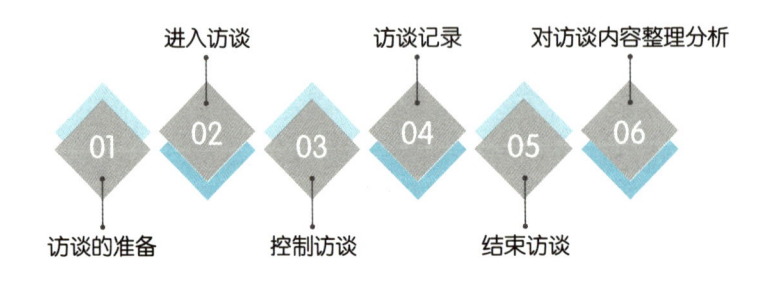

图 3-9 访谈的程序

第一，访谈的准备。

咨询师在进入访谈之前，要做好访谈的准备。充足的准备是一场好的访谈的基础，访谈前需要准备的内容很多，主要可以分为以下四个方面。

（1）确定访谈提纲和其他访谈工具。一般来说，咨询师在进行访谈时，最好使用半结构或者结构化访谈方式，根据调研目的和主题事先准备好合理的访谈提纲。如果是结构访谈，最好提前设计好答题卡，以便在访谈时出示给访谈对象。此外，还要准备好访谈对象的名册清单以及必要的记录工具，如纸、笔等。

针对不同的访谈对象要准备不同的访谈问卷，表3-6是某咨询师针对某企业高层、中层、基层人员制作的访谈问卷，可以作为参考。

（2）对访谈对象的背景进行一定的了解。最好对访谈对象的部门、职务、工龄、籍贯、语言习惯、交际性格、认知水平、受教育程度等做一定的了解，并且在访谈前制作好基本信息表。咨询师的访谈对象一般为企业的高层管理者，因此在尊重访谈对象的基础上，于访谈前了解其背景，这样可以在访谈时体现出自己的职业素养，从而获得对方的肯定。

表3-6 访谈基本信息表

序号	访谈对象姓名	一级部门	二级部门	职务	工龄	籍贯	访谈时间
1							
2							
3							
4							

（3）提前计划好访谈的时间、地点、场合等。尽量选择访谈对象方便的地点和场合，避开访谈对象繁忙的时间段。

（4）对访谈员进行指导和监督。在实际的访谈调研中，由于访谈对象众多，咨询师无法与每一位访谈对象进行一对一的访谈，一些难度较低的访谈就可以交给助理或其他访谈员去完成。对此，咨询师要做好对访谈员的指导和监督工作，从而保证访谈工作的标准化。在指导和监督中，主要从三方面入手：首先，访谈员要有一定的气质，其中自信是关键，过于胆怯的人不适合选做访谈员；其次，要督促访谈员了解和熟悉调研内容及调研工具；最后，要确认访谈员有良好的学识和较高的道德水平。

四个方面
- 01 确定访谈提纲和其他访谈工具
- 02 对访谈对象的背景进行一定的了解
- 03 提前计划好访谈的时间、地点、场合等
- 04 对访谈员进行指导和监督

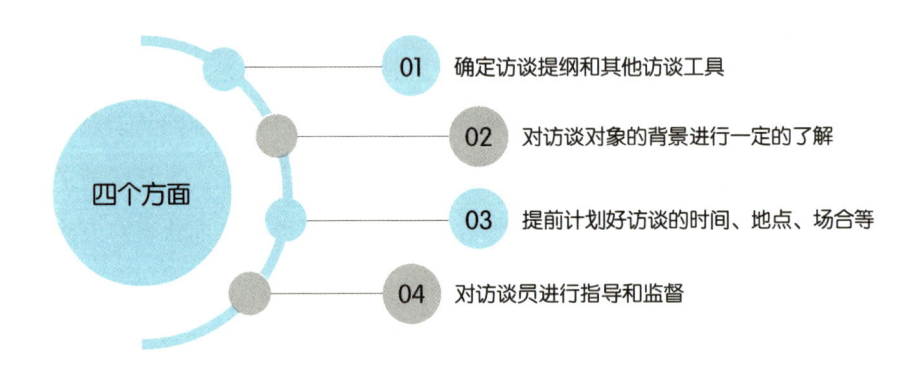

图 3-10 访谈的准备

第二，进入访谈。

在正式访谈前，可以通过非结构访谈来营造轻松的氛围，给对方留下良好的第一印象，获得访谈对象的信任，同时，还要向对方保证此次访谈的保密性。例如，在与访谈对象见面时先热情问候，再通过询问其他问题表示友好，在谈话过程中注意礼貌，面带笑容，以名字称呼对方，讲述一些双方都感兴趣的内容来与对方建立共同的信任基础。

第三，控制访谈。

一般由咨询师与企业相关人员进行一对一单独面谈，原则上优先访谈企业中高层管理者，接下来再对基层工作人员和普通员工进行访谈，也可依据公司实际需要灵活排配。每一位访谈对象的访谈时长最好在30~45分钟，主要用到提问、追问、引导等方式。在访谈时，要注意以下三个要点。

（1）提问时，要遵循先易后难的原则，将最有争议的问题放到最后。访谈者要注意自己的语气、语速、表达方式和态度等，访谈者的语气和态度要保持中立，不要表现出好恶情感或者态度偏向；语速不要过于急促或者缓慢；要用适合访谈对象的、清晰的表达方式提问，要避免使用引导式的提问方式。

一个好的问题一般包含四个要素，即询问事物的本质、面向未来进行提问、跳脱出条条框框的束缚、引导对方说出真实想法。

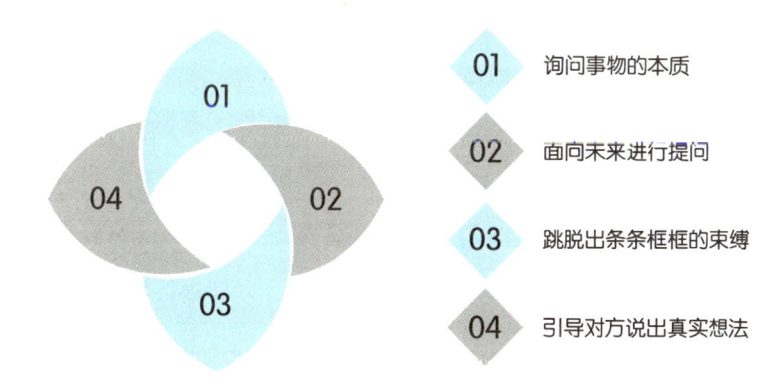

图 3-11　好问题四要素

（2）当访谈对象的回答不完整、不清晰、有隐瞒时，可以对其进行追问。但追问要注意方式、方法，一般包括直接法、延续法、迂回法、补充法等。

（3）当访谈的气氛过于紧张时，访谈者可以采取引导的方式。此外，当出现访谈内容离题太远、访谈冷场、访谈中断等情况时，访谈者都有义务进行引导，将访谈拉回正常的轨道上，使访谈继续下去。

第四，访谈记录。

咨询师要自己或者安排记录员对访谈的内容进行记录。记录时，最基本的原则是准确，即努力记下访谈对象的原意，不要试着去总结或者归纳对方的意思。同时，要确保内容的准确性，最好能在访谈结束时，将访谈记录念给访谈对象听。

第五，结束访谈。

在结构访谈或者半结构访谈中，当问卷或提纲中的问题问完就表示访谈结束了。而开放式的非结构访谈中，由访谈者控制访谈的进度和时间，例如，在咨询师对企业高层管理者的一对一访谈中，时间一般控制在30~45分钟。

访谈结束后，要对访谈对象表示感谢，感谢对方花时间共同完成访谈，同时表示对再次会面的期待，要使用名字称呼对方，态度要积极、热情。

第六，对访谈内容整理分析。

在访谈结束时要注意整理访谈记录，最好立刻整理，以免时间过长遗忘内容。对访谈的内容，可以量化的尽量量化，以便进行数据分析。

第四节　"切"：问卷调研

问卷调研指的是制订详细周密的问卷，要求调研对象据此回答，从而收集数据和资料的一种方法。问卷调研可以分为自填式问卷调研和代填式问卷调研两种，其中自填式问卷调研又可以分为报刊问卷调研、邮政问卷调研、派送问卷调研等；代填式问卷调研又可以分为访问问卷调研和电话问卷调研等。

这些调研方法在调查范围、调查对象、影响回答的因素、回复率、回答质量、投入人力、调查费用、调查时间等方面各有不同，咨询师可以根据实际情况进行选择。

表3-7 自填式问卷与代填式问卷的比较

项 目	自填式问卷调研			代填式问卷调研	
	报刊问卷	邮政问卷	派送问卷	访问问卷	电话问卷
调查范围	很广	较广	窄	较窄	可广可窄
调查对象	不易控制或选择，代表性差	有一定的控制和选择，但回复问卷的代表性难以估计	可控制和选择，但过于集中	可控制和选择，代表性较强	可控制和选择，代表性较强
影响回答的因素	无法了解、控制或判断	难以了解、控制或判断	有一定了解、控制和判断	便于了解、控制和判断	难以了解、控制和判断
回复率	很低	较低	高	高	较高
回答质量	较高	较高	较低	不稳定	很不稳定
投入人力	较少	较少	较少	多	较多
调查费用	较低	较高	较低	高	较高
调查时间	较长	较长	短	较短	较短

一、问卷调研的特点

第一，问卷调研的优点。

（1）与访谈调研相比，问卷调研的成本更低，基本费用只包括问卷印制费和双向邮寄费等。随着"问卷星"等线上问卷工具的普及，甚至这部分基本费用也没有了。因此，问卷调研可以用于大样本调研。

（2）问卷调研不受时空限制，有很强的灵活性，调研对象与调研者并不一定需要见面，可以通过网络、电话、邮寄等方式进行，且调研对象无须署名。因此，这种调研方式更容易获得客观真实的信息。调研对象作答时可以给出更真实的想法。

第二，问卷调研的局限性也十分突出，主要体现在问卷调研的成功与否与问卷设计的好坏高度相关，然而问卷设计并不轻松，主要体现在三个方面。

（1）问卷设计比较烦琐，要经过很多环节以及多次修改才能完成。

（2）问卷设计的难度比较大，不是随意写出几个问题就行。比如，对于一些特殊内容，如果随意地给出问题，那么调研对象很有可能故意回避事实，从而影响答案的真实性。

（3）太厚、问题太多的问卷也会引起调研对象的反感，被弃答的可能性很高，会导致问卷回收率的降低。

二、调研问卷的设计

咨询师可以通过设计调研问卷的形式来获取自己想要的信息。然而在现实中，很多人虽然了解调研问卷在定量市场研究中的重要作用，却对问卷设计一窍不通，只是很随意地从网络上找几个问题做成问卷发放下去，最后回收上来的数据自然起不了太大作用。作为咨询师，要掌握的一项重要技能就是问卷设计，这项技能将会在未来的工作中起到非常重要的作用。

第一，调研问卷的基本结构。

调研问卷一般由标题、说明、主体、编码号、致谢语五部分构成。

图 3-12 问卷的基本结构

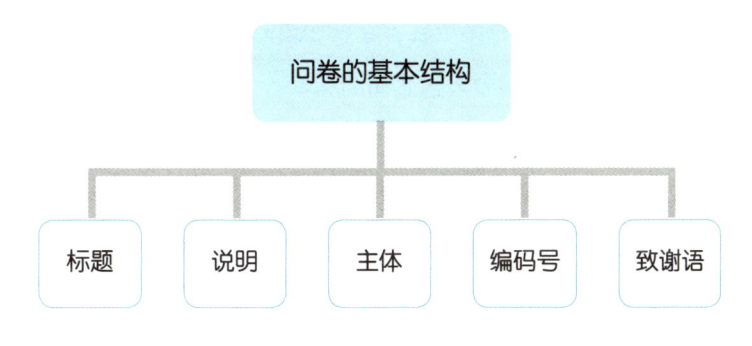

（1）标题。标题一般是对调研问卷主题的概括，咨询师在拟定标题时，应该开宗明义，将调查的主题作为标题列出来。例如，"XX企业员工满意度调查问卷"，这个标题直接表明了调研对象和调研目的，简洁有力。在实际工作中，很多咨询师会忘记为问卷设计标题，或者直接使用"调查问卷"这种泛泛的标题。

（2）说明。说明放在标题之后、问卷主体之前，是对问卷的介绍说明，一般用来介绍调研的目的、意义、主要内容，以及调研的组织单位、调研结果的用途等。同时，还需要向被访者承诺，获得的数据仅用于研究分析，不用作其他商业用途，个人信息会完全保密等。说明的篇幅不宜过大，以不超过300字为宜。

（3）主体。主体即调研问卷的主要内容，一般由多个问题组成。在制作主体时要注意，如果是比较长、比较复杂的调研问卷，最好能根据内容进行分类，让调研对象有更清晰的答题思路。一般来说，问卷以20分钟内填写完成为宜，不宜设置过多内容。

（4）编码号。并不是所有的调研问卷都需要用到编码号，只有一些规模较大且需要使用电子计算机进行统计分析的调研问卷，需要在问卷中加上编码号，一般在问卷的右边空白处标上①②③等选项。调研对象只需填写答案的编码号，有多少种答案就要填写多少个编码号。

（5）致谢语。向被访者表达感谢的话。

第二，问卷设计的基本原则。

整体的问卷设计要遵循以下七项基本原则。

（1）必要性原则。咨询师在设计问卷之前，要明确调研的主题，只有这样，才能真正做到有的放矢。问卷的标题应该紧紧围绕调研的主题进行，切忌出现与主题无关的问题，尤其是一些与主题无关的隐私问题，如果刨根问底，会引起调研对象的反感。

（2）先易后难原则。问卷中的问题要遵循先易后难的原则，不要让调研对象在回答问题时进行大量思考，这样容易引起调研对象的排斥。同样的道理，在题目的设置上，要多用选择题，少用开放题。调研对象在答题时都有惰性思维，更倾向于回答有选项的选择题。如果设置过多的开放题，很多调研对象会放弃回答，如果必须回答，也只会写几个字应付而已，这会影响调研结果的有效性，对后期的量化也不利。因此，尽量将问题设置成完善的选择题，一方面调研对象更愿意回答，另一方面有助于之后的量化。

（3）逻辑性原则。问卷中出现的问题前后之间要有逻辑性，例如，先问是否加班，再问对加班的看法。问题的前后之间要遵循时间和因果的逻辑性。另外，最好将同一类型和主题的问题放在一起，不要将影响后面答案的问题放在前面。

（4）礼貌性原则。问卷中的说明要用敬语，要对调研对象的配合表示诚挚的谢意。问卷中问题的措辞要礼貌、诚恳，且通俗易懂，要照顾调研对象的感受，不要使用过多的专业术语，要让调研对象理解问卷想要表达什么。如果不得不使用专业术语，最好对其作出相应的解释。这样能够增加调研对象的好感，增加之后合作的可能性。

（5）用词适宜原则。调研问卷中问题的用词应与调研对象的身份一致。比如，如果调研对象的身份具有多样性，则用词尽量大众化、通俗化，照顾所有调研对象的认知程度。如果调研对象是年轻人，则问题的用词要活泼、简洁、明快；如果调研对象是专业人士或者专家学者，可以适当使用一些专业术语，问题的描述要科学、准确。

（6）总量控制原则。要严格控制问卷中问题的数量，最好使调研对象的作答时间控制在30分钟以内，且越短越好。作为问卷的设计者，要牢记调研对象并没有义务填写调研问卷，因此，尽量不要引起调研对象的反感。

（7）问卷投放前先进行小范围测试。在问卷正式投放前，可以让自己或者身边的同事先做一次试访，检查问卷中是否有知识性错误和逻辑性错误，以及一些模棱两可的问题和答案，有的话要及时修正。

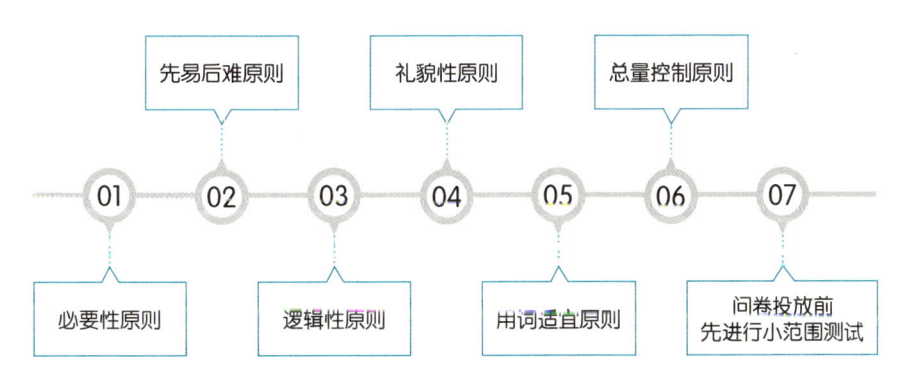

图3-13 问卷设计的基本原则

第三，线上问卷工具。

随着时代的发展和技术的进步，尤其是智能手机越来越普及，线上问卷调研法越来越被咨询师接受，线上问卷调研法属于自填式问卷调研法，与其他的问卷调研法相比，这种方法更加便捷、经济。因此，咨询师要掌握一些线上的问卷工具来进行问卷的设计和投放，如问卷网、腾讯问卷、问卷星等。接下来以问卷星为例对线上问卷工具做简单的介绍。

问卷星是一个包含设计问卷、采集数据、自定义报表、调查结果分析等功能的线上平台，可以在问卷调查、考试、测评、投票等场景中使用。与传统的调研相比，问卷星有快捷、易用、成本低等优势。其使用流程分为六个步骤（如图3-14所示）。

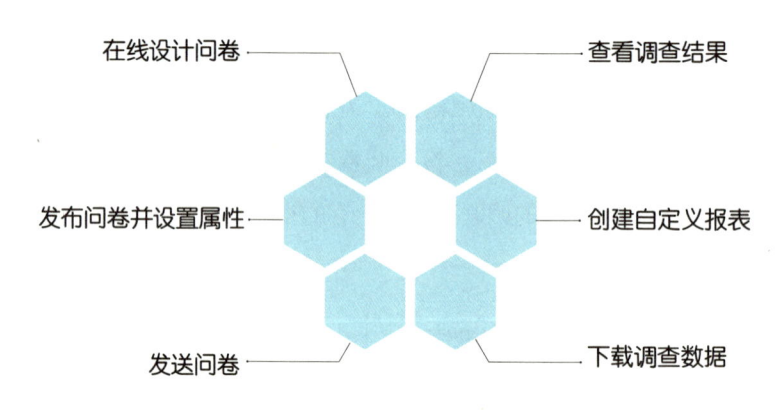

图3-14　问卷星使用流程

（1）在线设计问卷。问卷星支持40多种题型的设置，同时还提供了海量的专业问卷模板供用户使用，能够满足咨询师日常的问卷设计需求。

（2）发布问卷并设置属性。问卷设计好后，用户可以直接设置相关属性，如问卷的说明、分类、访问密码、公开级别等，并进行发布。

（3）发送问卷。通过微信、短信、邮件等方式向目标对象发送问卷链接。

（4）查看调查结果。问卷本身可以生成饼状图、柱状图、条形图等显示统计图表，帮助用户更好地了解调查结果。此外，还可以帮助用户分析答卷来源的时间段、地区和网站等信息。

（5）创建自定义报表。这个功能可以帮助用户进行分类统计及交叉分析，还可以筛选出符合条件的问卷集合。

（6）下载调查数据。问卷调查完成后，用户可以将结果下载到Word、SPSS、Excel等格式中做进一步处理。

三、问卷调研的实施

问卷调研在实施过程中需要遵循以下三项原则。

第一，确定邀请用户参与调查的方式。

常见的邀请方式包括邀请链接，电子邮件或短信，打断式邀请，电话、面对面和标准信函调查等，这几种邀请方式各有利弊，具体情况如表3-8所示。

（1）邀请链接的优点是成本低，不唐突；缺点是有严重的自主选择性偏差，且回复率低。一般用在事先与调研对象沟通好的情况下，比如，咨询师在对服务企业中的员工进行问卷调研时，可以将邀请链接通过对方的工作人员送达每个调研对象手中，这样就能解决回复率低的问题。

（2）电子邮件或短信的优点是成本低，回复率高；缺点是能联系到的调研对象有限，且都是曾经提供过服务的对象。在调研对象不多的情况下可以使用这种方法。在发送电子邮件或者短信时，要写清楚本次调研的目的、参与人员的任务、问题数量、大约占用的时间、问卷回复的截止时间、有问题时的联系人员及其联系方式、问卷的链接、相关的奖励等。

（3）打断式邀请指的是在调研对象在做别的事情时打断他，邀请其填写调研问卷。这种方式能确保样本的随机性，且能够引起用户注意，保证回复率；缺点是太唐突，用户体验差。

（4）电话、面对面和标准信函调查的优点是能够引起用户注意，回复率较高；缺点是成本极高，且仅能针对特定的用户。这种方式可以用在调研对象比较集中的场合。

表3-8 各种邀请链接优缺点的对比

邀请方式	优　点	缺　点
邀请链接	成本低，不唐突	有严重的自主选择性偏差，回复率低
电子邮件或短信	成本低，回复率高	能联系到的调研对象有限，且都是曾经提供过服务的对象
打断式邀请	能确保样本随机性，且能够引起用户注意，保证回复率	太唐突，用户体验差
电话、面对面和标准信函调查	能够引起用户注意，回复率较高	成本极高，且仅能针对特定的用户

第二，选择调研问卷工具。

咨询师可以选择使用自己常用的问卷调研工具，还可以直接使用纸质版问卷。

第三，正式发起调研问卷邀请。

在正式发起调研问卷邀请之前，咨询师要做好时间的协调工作，因为某些问题的答案会受时间影响。比如，对工作的满意度调查，在工资发放前后可能会有不同的答案，星期一和星期五的答案也可能会不一样。另外，还要结合邀请方式尽量选择调研对象方便的时间。比如，通过电子邮件邀请，最好选在工作日下午四五点左右，一般来说，那个时间段工作人员都比较放松，而且会主动查阅邮件。

确定邀请用户参与调查的方式 → 选择调研问卷工具 → 正式发起调研问卷邀请

图 3-15 问卷调研实施过程中需要遵循的原则

做好以上准备后，就可以正式发起调研问卷邀请了。

第五节 案例部分

在调研过程中，咨询师需要针对不同的人群准备不同的访谈大纲、调研问卷和访谈问卷。受时间和精力的影响，很多咨询师会选择参考、借鉴网络上的访谈大纲、调研问卷和访谈问卷。实际上，这并不是一种值得鼓励的行为，因为这种做法不是简单意义上的偷懒而已，还忽略了不同企业的个性，可能会使调研和诊断的结果产生很大的偏差。因此，咨询师最好能根据不同的企业设计不同的访谈提纲、访谈问卷和调研问卷。这样，调研才更有针对性，诊断的结果也更有说服力。

以下是三份针对不同企业的高层、中层和基层人员的问卷，它们的设置并不完整，根据本章的内容，如果要将这几份问卷改成访谈问卷，那么在内容上该做怎样的取舍呢？如果这几份问卷是调研问卷，那么在呈现给调研对象之前，应该做怎样的修改呢？此外，这三份问卷的相同点和不同点在哪里？各位咨询师可以根据本章的内容，重新设计和修改问卷，以加深认识。

案例展示1：针对高层人员的问卷

第一部分　单选题

说明：

以下各题均为单选题（如无特别声明，多选则该题视为无效）。

一、战略规划与企业文化

1.您是否清楚企业未来三年的发展战略目标？

（1）非常清楚

（2）清楚

（3）不确定

（4）不太清楚

（5）完全不清楚

2.您是否同意"企业如果不进行组织和管理提升，将会出现危机"的说法？

（1）完全赞同

（2）基本同意

（3）不确定

（4）不同意

（5）强烈反对

二、组织设计与运作

3.从整体来说，您认为企业目前的组织结构设置可以支撑企业的战略发展要求吗？

（1）完全可以

（2）基本可以

（3）不确定

（4）不太可以

如果不可以，请说明原因

4.从整体来说，您认为企业目前的部门职责划分是否清晰？

（1）非常清晰

（2）基本清晰

（3）不确定

（4）不太清晰

（5）很不清晰

如果很不清晰，请举例说明

5.从整体来说，您认为企业目前的部门职责划分是否合理？

（1）非常合理

（2）基本合理

（3）不确定

（4）不太合理

（5）很不合理

如果很不合理，请举例说明

6.您认为企业授予您的职责与权力是否相匹配？

（1）完全匹配

（2）基本匹配

（3）不确定

（4）不太匹配

（5）完全不匹配

7.从总体来说，您认为企业各部门的工作效率：

（1）非常高

（2）较高

（3）不确定

（4）较低

（5）极低

8.您认为目前企业内部各部门间的相互沟通与协同：

（1）非常默契和顺畅

（2）比较默契，偶有不顺畅

（3）不确定

（4）不够默契，合作存在较大问题

（5）存在部门壁垒，推诿现象严重

9.当出现问题时，企业各部门之间经常互相推卸责任吗？

（1）经常

（2）有时

（3）偶尔

（4）很少有

（5）没有

三、管理制度与流程

10.从总体来说，您认为目前企业的各种管理制度完善吗？

（1）非常完善

（2）基本完善

（3）不确定

（4）不太完善

（5）极不完善

如果极不完善，请举例说明

_____

11.您认为目前企业制订的管理制度得到严格的执行了吗？

（1）非常严格

（2）比较严格

（3）不确定

（4）不太严格

（5）极不严格

12.您认为企业现有的工作流程清晰吗？

（1）非常清晰

（2）基本清晰

（3）不确定

（4）不太清晰

（5）极不清晰

如果极不清晰，请举例说明

_____

13.您认为企业现有工作流程合理吗？

（1）非常合理

（2）基本合理

（3）不确定

（4）不太合理

（5）极不合理

如果极不合理，请举例说明

_____

14.您认为企业目前的计划（例如经营、预算等）管理科学吗？

（1）非常科学而且有效

（2）比较科学但需改进

（3）不确定

（4）不太科学，效果不明显

（5）很不科学，执行不到位

四、人力资源管理

15.从总体来说，您认为企业人员的素质可以满足企业未来发展战略的要求吗？

（1）完全可以

（2）基本可以

（3）不确定

（4）不太可以

（5）根本不可以

16.您认为目前您的工作业绩能够得到合理的评估吗？

（1）完全可以

（2）基本可以

（3）不确定

（4）不太可以

（5）完全不可以

17.您认为企业下达的工作任务是否合理？

（1）非常合理

（2）基本合理

（3）不确定

（4）不太合理

（5）极不合理

18.从总体来说，您认为企业的绩效考核制度合理吗？

（1）非常合理

（2）基本合理

（3）不确定

（4）不太合理

（5）极不合理

19.您的薪酬与同行业其他企业的相同职位相比，情况如何？

（1）远远高出

（2）较高

（3）接近

（4）较低

（5）远远低于

20.目前企业的薪酬体系可以起到很好的激励作用吗？

（1）完全可以

（2）基本可以

（3）不确定

（4）不太可以

（5）根本不可以

21.您认为人力资源部门在推动企业组织变革方面可以发挥作用吗？

（1）完全可以

（2）基本可以

（3）不确定

（4）不太可以

（5）根本不可以

22.您认为人力资源部门目前出台的相关专业政策是否可以支撑企业的战略和业务发展？

（1）完全可以

（2）基本可以

（3）不确定

（4）不太可以

（5）根本不可以

23.您认为人力资源部门目前的功能设置是否可以满足企业的战略和业务发展？

（1）完全可以

（2）基本可以

（3）不确定

（4）不太可以

（5）根本不可以

24.您认为人力资源部门目前在干部管理职能方面是否可以满足企业的战略和业务发展？

（1）完全可以

（2）基本可以

（3）不确定

（4）不太可以

（5）根本不可以

25.您认为人力资源部门目前在培训管理职能方面是否可以满足企业的战略和业务发展？

（1）完全可以

（2）基本可以

（3）不确定

（4）不太可以

（5）根本不可以

26.您认为人力资源部门目前在招聘管理职能方面是否可以满足企业的战略和业务发展？

（1）完全可以

（2）基本可以

（3）不确定

（4）不太可以

（5）根本不可以

第二部分　多选题

说明：

如果您有其他想法，请在"其他"后面的横线上注明。

27.企业之所以取得现在的成绩，您认为哪些因素最重要？

（1）企业所属行业的高速增长

（2）本地区经济增长

（3）政府扶持力度

（4）管理者的个人能力与团队能力

（5）产品研发创新技术

（6）进入市场的时机

（7）企业雄厚的资金实力

（8）其他＿＿＿＿＿＿＿＿＿＿＿

28.您认为企业目前组织设置和运作方面存在的主要问题是什么？

（1）部门设置缺失

（2）部门职责有交叉

（3）各部门只关心本部门利益，本位主义现象严重

（4）职责与权利不匹配

（5）多头领导

（6）部门间相互推诿现象严重

（7）部门职责不清

（8）越级管理

（9）管理范围过宽

（10）部门职责不合理

（11）其他＿＿＿＿＿＿＿＿＿＿

29.您认为企业目前流程管理中存在的主要问题是什么？

（1）有些流程不明确

（2）流程过长，存在多余的环节

（3）流程中的表格或单据重复或不完善

（4）部门之间的流程接口不明确

（5）有关人员不按规定的程序和制度执行

（6）部门间横向协调能力不强

（7）缺少制度对流程进行监控

（8）流程环节的权责不明确

（9）流程体系的管理部门不明确

（10）其他＿＿＿＿＿＿＿＿＿＿

30.您认为企业目前在人员晋升时，考虑的主要因素是什么？

（1）年龄

（2）学历

（3）能力

（4）工作态度

（5）工作业绩

（6）工作年限

（7）人际关系

（8）上级领导的主观印象

（9）品德

（10）其他_____

31.您认为目前企业薪酬制度中最严重的问题是什么？

（1）确定薪酬高低的依据不足

（2）薪酬与岗位的职责没有挂钩，缺乏内部公平

（3）薪酬结构不合理

（4）薪酬的计算方法不清晰

（5）薪酬水平整体偏低，不具备外部竞争力

（6）薪酬调整依据不足，没有标准可以参照

（7）薪酬与工作业绩没有挂钩

（8）没有建立薪酬管理制度

（9）中高层管理者之间的薪酬差距过小

（10）员工薪酬缺乏弹性

（11）欠缺其他激励模式

（12）新老员工薪酬体系不统一

（13）其他_____

32.您认为绩效考核中最严重的问题是什么？

（1）绩效考核指标不明确

（2）绩效结果没有与员工进行沟通

（3）绩效结果没有与员工业绩挂钩

（4）其他_____

33.企业管理中存在的哪些突出问题是什么？

（1）人治大于法治，过分依靠人治

（2）部门和组织结构设计不合理

（3）管理流程不顺畅，企业制度过于机械

（4）管理职责不清，相互推诿现象严重

（5）工作缺乏计划性，过于随意

（6）缺乏专业化的人才队伍

（7）缺乏专业化的核心管理团队

（8）制度执行随意性强，执行力差

（9）缺乏科学的决策机制

（10）内部沟通不畅

（11）部门存在本位主义

（12）分配机制的激励性较弱

（13）其他_____

34.为了企业的长远发展,您认为企业目前最急需提高的能力是什么?

(1)投资规划能力

(2)选品开发能力

(3)爆款精品开发能力

(4)品牌管理能力

(5)销售运营能力

(6)外部资源整合能力

(7)团队管理与裂变能力

(8)分配制度优化能力

(9)财务管理能力

(10)成本控制能力

(11)人力资源管理能力

(12)信息管理能力

(13)其他＿＿＿＿＿＿＿＿＿＿

案例展示2：针对中层人员的问卷

第一部分　单选题

说明：

以下各题均为单选题（如无特别声明，多选则该题视为无效）。

一、战略规划与企业文化

1.您认为企业的发展前景如何？

（1）非常有前途

（2）比较有前途

（3）不确定

（4）前途渺茫

（5）完全没有前途

2.您是否清楚企业未来三年的发展战略目标？

（1）非常清楚

（2）清楚

（3）不确定

（4）不太清楚

（5）完全不清楚

3.您是否同意"企业如果不进行管理和业务提升，将会出现危机"的说法？

（1）完全同意

（2）基本同意

（3）不确定

（4）不同意

（5）强烈反对

4.您认为在企业工作归属感如何（所谓归属感是指员工对企业产生高度的信任和深深的眷恋，从而在思想意识里将自己融入企业整体中去，并将企业利益作为自己行事的出发点）？

（1）很强

（2）比较强

（3）一般

（4）比较弱

（5）很弱

5.您认为您所在企业的员工士气如何？

（1）非常高昂

（2）比较高昂

（3）一般

（4）比较低落

（5）非常低落

6.您是否同意"企业里的大多数人敢于向最高层领导者反映真实的情况"这一说法？

（1）完全同意

（2）基本同意

（3）不确定

（4）不太同意

（5）强烈反对

二、组织设计与运作

7.从整体来说，您认为企业目前的组织结构设置（即部门设置）是否合理？

（1）非常合理

（2）合理

（3）不确定

（4）不合理

（5）很不合理

如果很不合理，请举例说明

_____

8.从整体来说，您认为企业目前的部门职责划分是否清晰？

（1）非常清晰

（2）基本清晰

（3）不确定

（4）不太清晰

（5）很不清晰

如果很不清晰，请举例说明

_____

9.从整体来说，您认为企业目前的部门职责划分是否合理？

（1）非常合理

（2）基本合理

（3）不确定

（4）不太合理

（5）很不合理

如果很不合理，请举例说明

_____

10.您认为您所在岗位的工作职责是否清晰？

（1）非常清晰

（2）基本清晰

（3）不确定

（4）不太清晰

（5）很不清晰

11.您认为企业授予您的职责与权力是否相匹配？

（1）完全匹配

（2）基本匹配

（3）不确定

（4）不太匹配

（5）完全不匹配

12.从总体上来说，您认为企业各部门的工作效率如何？

（1）非常高

（2）较高

（3）不确定

（4）较低

（5）极低

13.企业是否存在越级指挥的情况（所谓越级指挥是指您直接上级的上级避开您的直接上级直接指挥您或安排您的工作）？

（1）非常多

（2）较多

（3）不确定

（4）较少

（5）无

14.您认为目前企业内部各部门间的相互沟通与配合情况如何？

（1）非常默契和顺畅

（2）比较默契，偶有不顺畅

（3）不确定

（4）不够默契，合作中存在较大问题

（5）存在部门壁垒，推诿现象严重

三、管理制度与流程

15.从总体来说，您认为目前企业的各种管理制度都完善吗？

（1）非常完善

（2）基本完善

（3）不确定

（4）不太完善

（5）极不完善

如果极不完善，请举例说明

――――――――――――――――――――

16.您认为目前企业制订的管理制度是否严格执行了？

（1）非常严格

（2）比较严格

（3）不确定

（4）不太严格

（5）极不严格

17.您认为企业现有工作流程清晰吗？

（1）非常清晰

（2）基本清晰

（3）不确定

（4）不太清晰

（5）极不清晰

如果极不清晰，请举例说明

_____

18.您认为企业现有工作流程合理吗？

（1）非常合理

（2）基本合理

（3）不确定

（4）不太合理

（5）极不合理

如果极不合理，请举例说明

_____

19.您认为企业的管理人员是否可以带头遵守企业各项管理制度？

（1）完全可以

（2）基本可以

（3）偶尔可以

（4）不太可以

（5）完全不可以

20.您认为企业目前的计划管理是否科学？

（1）非常科学而且有效

（2）比较科学但需改进

（3）不确定

（4）不太科学，效果不明显

（5）很不科学，执行不到位

四、人力资源管理

21.从总体来说，您认为企业人员的素质是否可以满足企业未来发展战略的要求？

（1）完全可以

（2）基本可以

（3）不确定

（4）不太可以

（5）根本不可以

22.您认为管理层注重挖掘和培养企业内部有潜能的人吗？

（1）非常注重

（2）比较注重

（3）不确定

（4）不太注重

（5）极不注重

23.您认为您的个人才能在企业得到充分发挥了吗?

（1）非常充分

（2）较充分

（3）不确定

（4）不太充分

（5）极不充分

24.您认为目前您的工作业绩能够得到合理的评估吗?

（1）完全可以

（2）基本可以

（3）不确定

（4）不太可以

（5）完全不可以

25.您认为企业下达的工作任务是否合理?

（1）非常合理

（2）基本合理

（3）不确定

（4）不太合理

（5）极不合理

26.从总体来说,您认为企业的绩效考核制度合理吗?

(1)非常合理

(2)基本合理

(3)不确定

(4)不太合理

(5)极不合理

27.目前企业的薪酬体系可以起到很好的激励作用吗?

(1)完全可以

(2)基本可以

(3)不确定

(4)不太可以

(5)根本不可以

28.您认为目前企业的薪酬体系可以吸引到优秀的员工吗?

(1)完全可以

(2)基本可以

(3)不确定

(4)不太可以

(5)根本不可以

29.你认为人力资源部门在推动企业组织变革方面可以发挥出作用吗?

(1)完全可以

(2)基本可以

（3）不确定

（4）不太可以

（5）根本不可以

30.您认为人力资源部门目前出台的相关专业政策是否可以支撑企业的战略和业务发展？

（1）完全可以

（2）基本可以

（3）不确定

（4）不太可以

（5）根本不可以

31.您认为人力资源部门目前在培训管理职能方面是否可以满足企业的战略和业务发展？

（1）完全可以

（2）基本可以

（3）不确定

（4）不太可以

（5）根本不可以

32.您认为人力资源部门目前在招聘管理职能方面是否可以满足企业的战略和业务发展？

（1）完全可以

（2）基本可以

（3）不确定

（4）不太可以

（5）根本不可以

第二部分　多选题

说明：

如果您有其他想法，请在"其他"后面的横线上注明。

33.企业之所以取得现在的成绩，您认为哪些因素最重要？

（1）企业所属行业的高速增长

（2）本地区经济增长

（3）政府扶持力度

（4）管理者的个人能力与团队能力

（5）产品研发创新技术

（6）进入市场的时机

（7）企业雄厚的资金实力

（8）其他_____

34.您认为企业目前组织设置和运作方面存在的主要问题是什么？

（1）部门设置缺失

（2）部门职责有交叉

（3）各部门只关心本部门利益，本位主义现象严重

（4）职责权利不匹配

（5）多头领导

（6）部门间相互推诿现象严重

（7）部门职责不清

（8）越级管理

（9）管理范围过宽

（10）部门职责不合理

（11）其他_____

35.您认为企业目前流程管理中存在的主要问题是什么？

（1）有些流程不明确

（2）流程过长，存在多余的环节

（3）流程中的表格或单据重复或不完善

（4）部门之间的流程接口不明确

（5）有关人员不按规定的程序和制度执行

（6）部门间横向协调能力不强

（7）没有制度对流程进行监控

（8）流程环节的权责不明确

（9）流程体系的管理部门不明确

（10）其他_____

36.您认为企业目前在人员晋升时，考虑的主要因素是什么？

（1）年龄

（2）学历

（3）能力

（4）工作态度

（5）工作业绩

（6）工作年限

（7）人际关系

（8）上级领导的主观印象

（9）品德

（10）其他＿＿＿＿＿＿＿＿＿＿＿＿

37. 您认为目前企业薪酬制度中最严重的问题是什么？

（1）确定薪酬高低的依据不足

（2）薪酬与岗位的职责没有挂钩，缺乏内部公平

（3）薪酬结构不合理

（4）薪酬的计算方法不清晰

（5）薪酬水平整体偏低，不具备外部竞争力

（6）薪酬调整依据不足，没有标准可以参照

（7）薪酬与工作业绩没有挂钩

（8）没有建立薪酬管理制度

（9）中高管理者之间的薪酬差距过小

（10）员工薪酬缺乏弹性

（11）欠缺其他激励模式

（12）新老员工薪酬体系不统一

（13）其他＿＿＿＿＿＿＿＿＿＿

38. 您认为绩效考核中最严重的问题是什么？

（1）绩效考核指标不明确

（2）绩效结果没有与员工进行沟通

（3）绩效结果没有与员工业绩挂钩

（4）其他＿＿＿＿＿＿＿＿＿＿＿＿

案例展示3：针对基层人员的问卷

第一部分　单选题

说明：

以下各题均为单选题（如无特别声明，多选则该题视为无效）。

一、战略规划与企业文化

1.您认为企业的发展前景如何？

（1）非常有前途

（2）比较有前途

（3）不确定

（4）前途渺茫

（5）完全没有前途

2.您是否清楚企业未来三年的发展战略目标？

（1）非常清楚

（2）清楚

（3）不确定

（4）不太清楚

（5）完全不清楚

3.您是否同意"企业如果不进行组织和管理提升，将会出现危机"这一说法？

（1）完全赞同

（2）基本同意

（3）不确定

（4）不同意

（5）强烈反对

4.您认为在企业工作归属感如何（所谓归属感是指员工对企业产生高度的信任和深深的眷恋，从而在思想意识里将自己融入企业整体中去，并将企业利益作为自己行事的出发点）？

（1）很强

（2）比较强

（3）一般

（4）比较弱

（5）很弱

5.您认为您所在企业的员工士气如何？

（1）非常高昂

（2）比较高昂

（3）一般

（4）比较低落

（5）非常低落

6.您是否同意"企业里的大多数人敢于向最高层领导者反映真实的情况"这一说法？

（1）完全同意

（2）基本同意

（3）不确定

（4）不太同意

（5）极不同意

二、组织设计与运作

7.从整体来说，您认为企业目前人力资源系统的组织结构设置（即部门设置）是否合理？

（1）非常合理

（2）合理

（3）不确定

（4）不合理

（5）很不合理

如果很不合理，请举例说明

_____

8.从整体来说，您认为企业人力资源系统的职责划分是否清晰？

（1）非常清晰

（2）基本清晰

（3）不确定

（4）不太清晰

（5）很不清晰

如果很不清晰，请举例说明

_____

9.从整体来说，您认为企业目前人力资源系统的职责划分是否合理？

（1）非常合理

（2）基本合理

（3）不确定

（4）不太合理

（5）很不合理

如果很不合理，请举例说明

10.您所在部门人员数量是否可以满足工作要求？

（1）完全可以

（2）基本可以

（3）一般

（4）不太可以

（5）根本不可以

11.您认为您所在岗位的工作职责是否清晰？

（1）非常清晰

（2）基本清晰

（3）不确定

（4）不太清晰

（5）很不清晰

12.从总体上来说，您认为企业人力资源系统的工作效率如何？

（1）非常高

（2）较高

（3）不确定

（4）较低

（5）极低

13.您在工作时是否经常出现多个上级人员向您下达命令的情况？

（1）凡事都如此

（2）经常

（3）有时

（4）不太多

（5）几乎没有

14.您认为目前企业内部各部门间的相互沟通与配合情况如何？

（1）非常默契和顺畅

（2）比较默契，偶有不顺畅

（3）不确定

（4）不够默契，合作存在较大问题

（5）存在部门壁垒，推诿现象严重

三、管理制度与流程

15.从总体来说，您认为目前企业的各种管理制度完善吗？

（1）非常完善

（2）基本完善

（3）不确定

（4）不太完善

（5）极不完善

如果极不完善，请举例说明

16.您认为目前企业制订的管理制度严格执行了吗？
（1）非常严格
（2）比较严格
（3）不确定
（4）不太严格
（5）极不严格

17.您认为企业现有工作流程是否合理清晰？
（1）非常合理清晰
（2）基本合理清晰
（3）不确定
（4）不太合理清晰
（5）极不合理清晰
如果极不合理清晰，请举例说明
_____

18.您认为企业的管理人员是否可以带头遵守公企业的各项管理制度？
（1）完全可以
（2）基本可以
（3）不确定
（4）不太可以
（5）根本不可以

19.您认为企业目前的计划（如经营、预算等）管理是否科学？

（1）非常科学而且有效

（2）比较科学但需改进

（3）不确定

（4）不太科学，效果不明显

（5）很不科学，执行不到位

四、人力资源管理

20.从总体来说，您认为企业人员的素质可以满足企业未来发展战略的要求吗？

（1）完全可以

（2）基本可以

（3）不确定

（4）不太可以

（5）根本不可以

21.您认为您的个人才能在企业得到充分发挥了吗？

（1）非常充分

（2）较充分

（3）不确定

（4）不太充分

（5）极不充分

22.您认为企业的培训针对性如何？

（1）非常好

（2）比较好

（3）不确定

（4）不太好

（5）基本没有

23.您同意"在我的工作中，我经常可以得到上级领导的指导和帮助"这一说法吗？

（1）完全同意

（2）基本同意

（3）不确定

（4）不太同意

（5）极不同意

24.您认为目前您的工作业绩能够得到合理的评估吗？

（1）完全可以

（2）基本可以

（3）不确定

（4）不太可以

（5）完全不可以

25.您认为评价您业绩的考核指标设置是否合理？

（1）非常合理

（2）基本合理

（3）不确定

（4）不太合理

（5）极不合理

26.您认为企业下达的工作任务是否合理？

（1）非常合理

（2）基本合理

（3）不确定

（4）不太合理

（5）极不合理

27.从总体来说，您认为企业的绩效考核制度是否合理？

（1）非常合理

（2）基本合理

（3）不确定

（4）不太合理

（5）极不合理

28.您的薪酬与同行业其他企业的相同职位相比如何？

（1）远远高出

（2）较高

（3）接近

（4）较低

（5）远远低于

29.目前企业的薪酬体系可以起到很好的激励作用吗？

（1）完全可以

（2）基本可以

（3）不确定

（4）不太可以

（5）根本不可以

30.您认为目前企业的薪酬体系可以吸引到优秀的员工吗？

（1）完全可以

（2）基本可以

（3）不确定

（4）不太可以

（5）根本不可以

31.您认为目前您的薪酬结构合理吗（薪酬结构是指基本工资、奖金等构成项目）？

（1）非常合理

（2）基本合理

（3）不确定

（4）不太合理

32.从总体而言，您认为企业的薪酬管理体制是否合理？

（1）非常合理

（2）基本合理

（3）不确定

（4）不太合理

（5）极不合理

33.您认为人力资源部门在推动公司组织变革方面可以发挥出作用吗？

（1）完全可以

（2）基本可以

（3）不确定

（4）不太可以

（5）根本不可以

34.您认为人力资源部门目前出台的相关专业政策是否可以支撑企业的战略和业务发展？

（1）完全可以

（2）基本可以

（3）不确定

（4）不太可以

（5）根本不可以

35.您认为人力资源部门目前在满足业务发展需要方面的响应速度可以达到要求吗？

（1）完全可以

（2）基本可以

（3）不确定

（4）不太可以

（5）根本不可以

第二部分 多选题

说明：

如果您有其他的想法，请在"其他"后面的横线上注明。

36.企业之所以取得现在的成绩，您认为哪些因素最重要？

（1）企业所属行业的高速增长

（2）本地区经济增长

（3）政府扶持力度

（4）管理者的个人能力与团队能力

（5）产品研发创新技术

（6）进入市场的时机

（7）企业雄厚的资金实力

（8）其他_____

37.据您所知，您以前的同事离开的原因是什么？

（1）企业内部工作氛围不好

（2）工作压力过大

（3）没有个人发展空间

（4）外部有更好的发展机会

（5）薪酬水平过低

（6）看不到发展前景

（7）考核不公平

（8）福利较差

（9）个人能力达不到企业的要求

（10）得不到应有的尊重

（11）岗位安排不适合个人发展

（12）其他_____

第四章

Working Rules of Consultants

独树一帜：建立量化分析模型

从企业处获得资料后，应该将其汇总在一起，再将资料中可以量化的内容进行量化处理，将得到的数据进行分析诊断。在此过程中，咨询师首先要了解数据指代的是什么，即在进行数据分析之前，要将数据处理成什么样；其次要了解数据分析的分类和作用，同时对现代企业中如何进行数据分析要有一定的认知；最后要了解数据分析的理论模型和数据分析的方法。这样，就能将调研过程中得到的数据建立量化分析模型，为进一步的分析诊断做准备。

第一节　什么是数据？

在日常生活中，我们总是能听到很多数字，比如，"月入过万！""市场宣传投放了800万元！""今年他的销售业绩增长了200%！""生产研发金额追加了100万元。"……这些只能称之为数字，而非数据，因为来源不一定真实，也没有经过分析，它们反映的是我们的感受，而非事实！

有据可查的数字才是数据。把分析建立在道听途说之上，是非常不准确的，我们需要根据真实的数据分析，才能得到准确的结果。

数据的三要素包括：数据来源（从哪里来）、采集方式（以何种方式收集）、记录格式（以何种形式记录，单位及字段类型是什么）。比如，当我们想调查某企业某个岗位的收入时，可以去招聘网站查询该企业招聘岗位的薪酬范围，也可以去找猎头公司了解该企业的薪酬范围，或者还可以直接到该企业的人力资源部查看该岗位的工资单。

实际上，每种方式都有局限性，真实数据需要花费更高的成本来获取，而且常常只能得到部分数据。数据分析是一个使用技术和业务手段来接近真相的过程。数据是一个非常基础的概念，在各行各业中的应用都非常广泛，它也是讨论某个事件的基础，因此，咨询师一定要清楚数据究竟是什么。

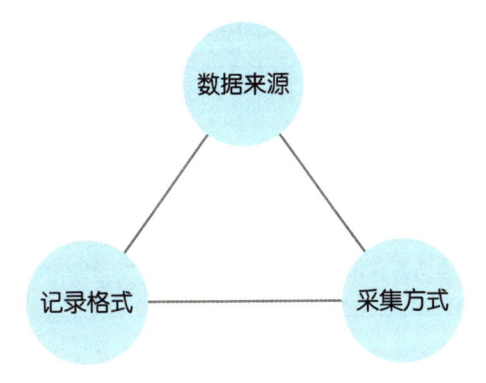

图 4-1 数据的三要素

在计算机科学领域，数据指的是可以输入计算机中并被计算机程序处理的符号。因此，除了狭义上的数字，数据还包含字母、符号和模拟量等。

随着大数据时代的到来，数据的内涵也发生了变化。维基百科认为，数据的含义已经不再局限于计算机领域，而是泛指所有定性或者定量的描述。国际数据管理协会（DAMA）认为，数据是以文本、数字、图形、图像、声音和视频等格式对事实进行表现，这也意味着，数据在一定条件下可以呈现事实。国际标准化组织（ISO）认为，数据是"以适合于通信、解释或处理的正规方式来表示的可重新解释的信息"。美国质量学会（ASQ）认为，数据是"收集的一组事实"。《新牛津美语字典（NOAD）》认为，数据是"收集在一起的用于参考和分析的事实"。

表4-1 各机构对数据的不同定义

序号	定义来源	数据定义
1	维基百科	泛指所有定性或者定量的描述
2	国际数据管理协会（DAMA）	数据是以文本、数字、图形、图像、声音和视频等格式对事实进行表现
3	国际标准化组织（ISO）	以适合于通信、解释或处理的正规方式来表示的可重新解释的信息
4	美国质量学会（ASQ）	收集的一组事实
5	《新牛津美语字典（NOAD）》	收集在一起的用于参考和分析的事实

第二节 数据分析的分类和作用

数据分析指的是运用一定的统计分析方法将收集来的数据进行分析，以求最大化开发数据的功能，发挥数据的作用。可以这么说，数据分析就是用技术和业务手段，将隐藏在一大堆杂乱无章的数据背后的有效信息集中和提炼出来，使之尽可能接近真相的过程。

一、数据分析的分类

数据分析可以分为三种，即描述性数据分析、探索性数据分析和验证性数据分析。

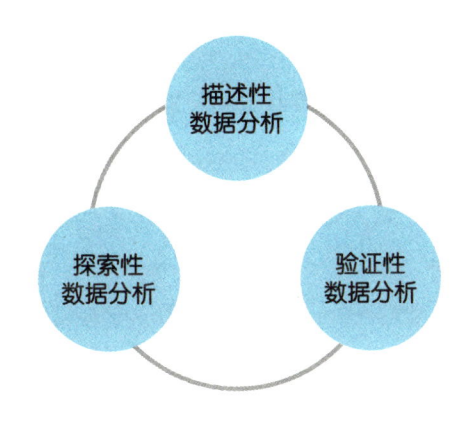

图 4-2 数据分析的种类

在这三种数据分析中，描述性数据分析属于初级数据分析，一般使用的分析法包括对比分析法、平均分析法以及交叉分析法；探索性数据分析和验证性数据分析都是高级数据分析，只是前者侧重在数据之中发现新的特征，验证已有假设的真伪证明。探索性数据分析和验证性数据分析一般使用的方法包括相关分析法、因子分析法以及回归分析法。

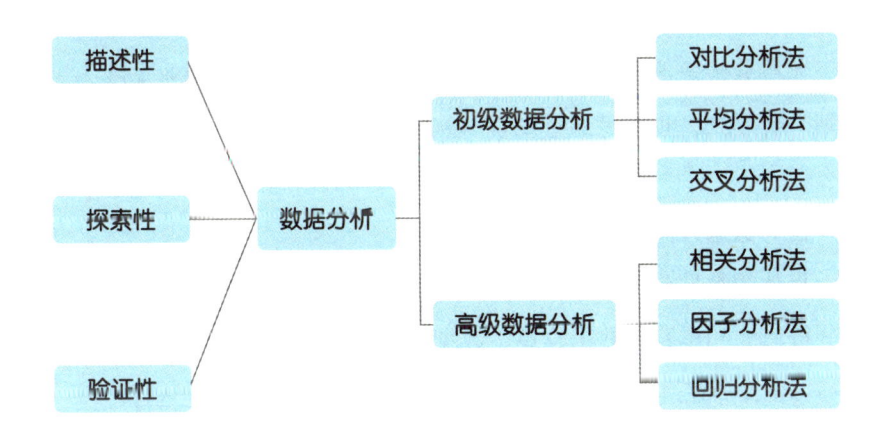

图 4-3 数据分析

二、数据分析的作用

数据分析的主要作用包括现状分析、原因分析、预测分析等。

图 4-4 数据分析的三个作用

现状分析一般是通过分析日常报告如日报、月报、周报等，还原过去发生了什么事情。咨询师使用现状分析时，一般可以告诉企业两方面信息，即企业现阶段的运营状况和各项业务构成。

原因分析是对现状分析的进一步深入，通过对现状的分析，我们可以了解企业的基本运营情况，但是对于造成现在这种运营情况背后的深层次原因是什么，还需要做进一步的原因分析。通过原因分析，能够让企业明白某一现状为什么会发生。

预测分析一般以专题分析的形式出现，通常在制订企业季度、年度计划时会用到，也就是通过对现有状态和规律的分析，预测未来会发生什么。

三、数据分析的六大步骤

具体的数据分析包括六个既相互独立又相互联系的步骤，分别是明确分析目的和思路、数据收集、数据处理、数据分析、数据展现、报告撰写。咨询师在进行数据分析时，要根据这六个步骤有序地进行。

图 4-5 数据分析的六个步骤

第一，明确分析目的和思路。

咨询师在进行数据分析时，非常容易犯三种错误。

（1）目的不明确，为了分析而分析。

（2）思路不清晰，分析结果一团混乱。

（3）用追求模型这种"高级形式"来掩盖业务知识的缺乏，导致分析结果与实际偏离。

因此，在进行分析之前，一定要先明确此次分析的目的，再根据已知的分析目的，梳理分析思路，搭建分析框架，选用分析方法。

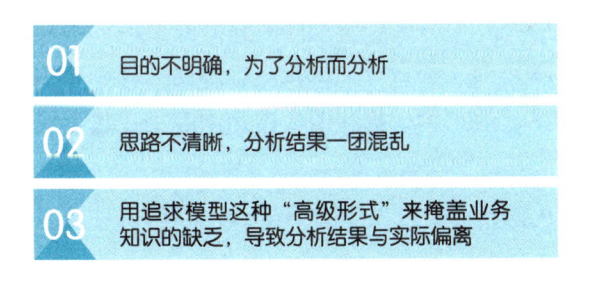

图 4-6 咨询师分析数据时常犯的三种错误

第二，数据收集。

数据的来源主要有三个方面，即客户提交的数据资料、通过问卷调研和访谈调研获得的数据资料、从其他渠道如数据库获取的资料。

数据又可以分为一手数据和二手数据，一手数据指的是直接获取的数据，如客户交付的财务报表；二手数据则是指经过加工整理得到的数据，如访谈后量化整理的数据。

第三，数据处理。

数据处理是数据分析前不可缺少的步骤，是将获得的数据通过一定的方式进行加工处理，从大量杂乱无序的数据中提炼出有价值、可以用于数据分析的数据。数据处理的方法包括数据清洗、数据转化、数据提取、数据计算等。

第四，数据分析。

数据分析指的是用恰当的方法或工具，对处理过的信息进行分析，从而获得有价值的信息和有效结论的过程。数据分析一般通过软件完成。因此，咨询师不仅要学会数据分析的方法，还要掌握分析软件的操作。目前，主流的分析软件包括Excel、SPSS等。

第五，数据展现。

在数据展现阶段，数据一般以表格和图形的方式展现，尤其是图形，使用频次最高。这些展示形式能直观、有效地传达分析师想表达的观点。我们平时说的用图表说话就是这个意思。数据图表包括条形图、饼形图、柱形图、散点图、折线图、雷达图等。在数据展现中，可以使用图表说明就不要用文字表达。

第六，报告撰写。

报告撰写是数据分析的最后一步，也是整个数据分析工作的总结和呈现。报告的水平高低直接影企业对咨询师工作的认可与否。因此，咨询师要在报告中，将数据分析过程中所做的有效工作完整地呈现出来，为企业提供科学、严谨的决策依据。

一般来说，好的数据分析报告要具备以下特点。

（1）呈现形式图文并茂。层次清晰，让阅读者一目了然，这些可以借助好的分析框架来实现。

（2）分析报告要有明确的结论。数据分析的根本目的是寻求结论，如果没有结论，就称不上是数据分析，也就失去了进行数据分析的意义。

（3）要有建议和解决方案。有时，企业并不是不清楚问题出在哪里，而是不明白该如何解决这个问题，因此，中肯的、可行的解决方案可以为数据分析报告增色不少。

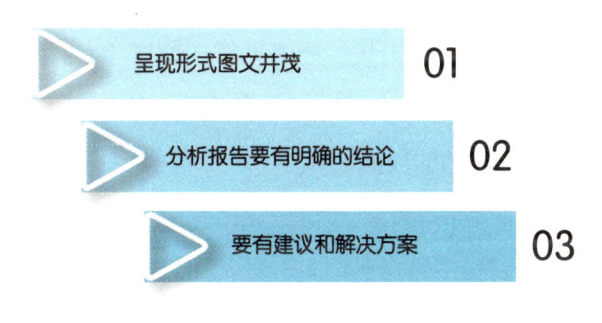

图 4-7　好的数据报告应具备的特点

第二节　现代企业制度与数据分析

现代企业制度指的是以市场经济为基础，以企业法人制度为主体，以公司制度为核心，以产权清晰、权责明确、政企分开、管理科学为条件的新型企业制度。在现代企业制度中，有这样几个关键字：产权、权责、科学、管理等。在落实这些关键词背后，都需要用数据来做支撑。

由此可以看出，在现代企业中，数据无处不在，这些数据既是企业经营的结果，也是咨询师"把脉"的依据。

数据分析在现代企业经营管理中占有非常重要的地位，有人甚至认为企业的数据分析是企业经营管理的基础。咨询师经常会使用数据分析方法，通过对企业经营数据的分析，还原企业的经营现状，从而给出相应的诊断建议，促进企业的可持续发展。

在企业中，数据分析主要体现在以下六个方面。

第一，企业外部环境的数据分析。

企业外部环境的数据分析，即对企业经营的外部条件展开分析，包括对供应（物资与服务）市场、产出（产品和劳务）市场、劳动力市场、技术市场、信息市场以及资金市场的数据分析等。

第二，企业内部环境的数据分析。

企业内部环境的数据分析，即对企业拥有的生产要素和产出水平等进行数据分析，主要包括对企业的人、财、物等展开分析，具体可以体现在人才创造力、企业凝聚力、资金增值力、资金筹措、产品升级换代周期以及设备科技水平的数据分析。

第三，市场营销活动的数据分析。

市场营销活动的数据分析，即对企业开展的市场营销活动进行相关的数据分析，又可以分为五个方面。

（1）生产策略的数据分析，包括市场占有率、市场供应率、市场覆盖率以及边际利润率的数据分析。

（2）价格策略的数据分析，指的是目标价格的数据分析。

（3）销售渠道的数据分析，指的是对平衡销售量和中间商的数据分析。

（4）促销策略的数据分析，指的是对广告边际收益的数据分析。

（5）供应商市场现状的数据分析，包括材料采购批量及供应商信誉评估的数据分析。

第四，企业资金需求的数据分析。

对企业资金需求的数据分析可以分为五个方面。

（1）资金需求现状的数据分析，指的是对企业资金占用情况展开数据分析。

（2）企业投资环境的数据分析，可以对竞争者和用户、经济政治法律因素等方面展开数据分析。

（3）企业资金筹措及决策的数据分析，主要包括资本金筹集、内部资本积累及金融性筹资的数据分析。

（4）企业劳动力需求的数据分析，包括劳动力构成、劳动力数量、劳动力年龄、劳动力质量、劳动力变动及劳动力招聘和培训的数据分析。

（5）企业科技需求的数据分析，包括新材料和新工艺、劳动资料科技进步、机械化自动化程度、企业科技引入和经济效益、企业科技管理和科技开发的数据分析。其中，劳动资料科技进步又可以细分为设备使用年限、设备净值率及设备先进水平的数据分析。

第五，企业投入的数据分析。

企业的投入主要包括劳动力、劳动对象、劳动资料这三方面，因此，在对企业投入进行数据分析时，可以从企业资金投入、企业劳动对象投入、企业劳动力投入与报酬、企业能源与动力投入、企业生产经营设备投入及企业科技投入进行数据分析。

第六，企业产出的数据分析。

企业的产出主要包括产出品种、产出数量、产出质量这三方面。因此，可以从资金的收入与盈利、主营业务产出及附营业务产出三个方面进行数据分析。

```
┌─────────────────────┐                          ┌─────────────────────┐
│ 企业外部环境的数据分析 │                          │ 企业资金需求的数据分析 │
└─────────────────────┘─┐                      ┌─└─────────────────────┘
┌─────────────────────┐  ┌──────────┐          ┌─────────────────────┐
│ 企业内部环境的数据分析 │──│ 数据分析 │──│ 企业投入的数据分析     │
└─────────────────────┘  └──────────┘          └─────────────────────┘
┌─────────────────────┐─┘                      └─┌─────────────────────┐
│ 市场营销活动的数据分析 │                          │ 企业产出的数据分析   │
└─────────────────────┘                          └─────────────────────┘
```

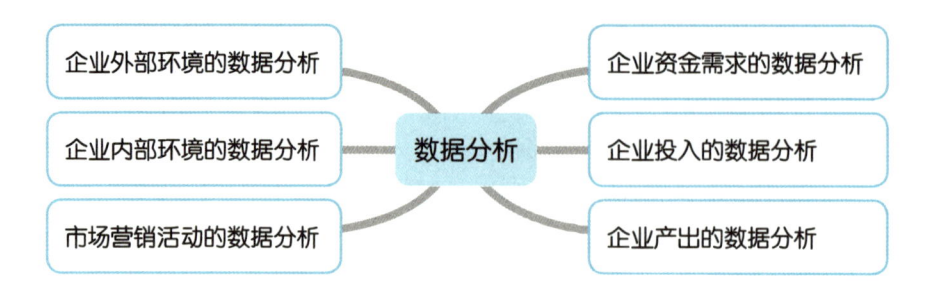

图 4-8　数据分析的主要体现

第四节　数据分析的理论模型

常用的数据分析理论模型主要包括营销和管理两个方面。其中，营销方面涉及的理论包括4P营销理论、用户使用行为分析、SWOT矩阵分析模型；管理方面则包括PEST分析模型、5W2H分析模型、KANO模型、逻辑树分析模型、SMART原则模型等。

一、营销数据分析理论

第一，4P营销理论。

4P营销理论是由美国营销学学者杰罗姆·麦卡锡教授于20世纪60年代提出的，指的是"产品（Product）、价格（Price）、渠道（Place）、促销（Promotion）"四大营销组合策略。由于其首字母都是P，因此又被称为4P营销理论。咨询师在为企业进行营销方面的数据分析时，可以从产品、价格、渠道、促销这四个方面入手，分别进行相应的数据分析。

01 产品（Product）

02 价格（Price）

03 渠道（Place）

04 促销（Promotion）

图 4-9　4P 营销理论模型

第二，用户使用行为分析。

用户使用行为理论模型在线上营销中使用较多，主要从三大模块对用户的使用行为进行分析，分别是用户行为轨迹、用户网站行为以及网站分析指标。

其中，用户行为轨迹按照程度的不同又可以分为认知、熟悉、试用、使用和忠诚。

（1）"认知"对应的用户网站行为是网站访问，对应的网站分析指标有IP地址、人均页面访问量、访问来源等。

（2）"熟悉"对应的用户网站行为有网站浏览、搜索，对应的网站分析指标有停留时长、偏好页面、离开率、搜索访问次数等。

（3）"试用"对应的用户网站行为是用户注册，对应的网站分析指标有注册用户数、注册转化率。

（4）"使用"对应的用户网站行为有用户登录、转化，对应的网站分析指标有登录用户数、访问登录比、使用时长、订购内容、登录次数等。

（5）"忠诚"对应的用户网站行为有用户黏性、用户流失，对应的网站分析指标有回访者人数、用户流失数、访问深度、流失率等。

表4-2 用户使用行为理论

用户行为轨迹	用户网站行为	网站分析指标
认知	网站访问	IP地址、人均页面访问量、访问来源等
熟悉	网站浏览、搜索	停留时长、偏好页面、离开率、搜索访问次数等
试用	用户注册	注册用户数、注册转化率
使用	用户登录、转化	登录用户数、访问登录比、使用时长、订购内容、登录次数等
忠诚	用户黏性、用户流失	回访者人数、用户流失数、访问深度、流失率等

如果遇到线上营销相关的咨询分析，咨询师可以按照用户使用行为理论模型，根据用户行为轨迹，对各项对应的指标进行数据分析，以得到客观、中肯的结论和建议。

第三，SWOT矩阵分析模型。

SWOT矩阵分析模型是由美国管理学教授韦里克于20世纪80年代初提出，这是一种通过搭建模型的方法解决企业战略制订、竞争对手分析等问题的态势分析法。其中，S（Strengths）代表优势、W（Weaknesses）代表劣势、O（Opportunities）代表机会、T（Threats）代表威胁。

01 S（Strengths）优势

02 W（Weaknesses）劣势

03 O（Opportunities）机会

04 T（Threats）威胁

图 4-10　SWOT 矩阵分析模型

　　SWOT矩阵分析模型主要分为两个部分，即SW，分析企业的内部条件；OT，分析企业的外部条件。咨询师可以使用SWOT矩阵分析模型对企业的战略制订、竞争对手、营销模式等展开研究分析。在使用时，先通过调查的方式将各项因素列举出来，再依照矩阵的形式排列，用系统分析的方法对各种因素加以匹配分析，分别从优势、劣势、机会、威胁等要素中提取关键数据进行分析，从而得出具有一定决策性的结论。

　　（1）当内部优势（S）和外部机会（O）结合时，咨询师应该提醒企业采取SO战略，依靠内部优势，利用外部机会，让外部机会和自身优势充分结合，发挥更大的能量。

　　（2）当内部优势（S）和外部威胁（T）结合时，咨询师应该提醒企业采取ST战略，依靠内部优势，回避外部威胁，想办法克服外部威胁，使自身的优势得到发挥。

　　（3）当内部劣势（W）和外部机会（O）结合时，咨询师应该提醒企业采取WO战略，利用外部机会，克服内部劣势，思考如何将内部的劣势转变为优势，以获得外部的机会。

　　（4）当内部劣势（W）和外部威胁（T）结合时，咨询师应该提醒企业采取WT战略，减少内部劣势，回避外部威胁，及时调整自身的状态，积极应对挑战，从威胁中赢得一线生机。

SWOT分析法可以对研究对象的处境进行全面、准确、系统的研究。利用SWOT分析法可以从中找到对自身有利的因素，并避开对自己不利的因素，找到解决方法，明确发展方向。

表4-3　SWOT矩阵分析模型

	内部优势（S）	内部劣势（W）
外部机会（O）	SO 战略 依靠内部优势 利用外部机会	WO 战略 利用外部机会 克服内部劣势
外部威胁（T）	ST 战略 依靠内部优势 回避外部威胁	WT 战略 减少内部劣势 回避外部威胁

二、管理数据分析理论

第一，PEST分析模型。

PEST分析模型指的是根据企业自身的特点和需要，对其所处的宏观外部环境进行分析。一般来说，影响企业的主要外部环境包括政治（Political）、经济（Economic）、社会（Social）和技术（Technological），因此，这种分析法被称为PEST分析法。

咨询师在为企业提供外部宏观环境咨询服务时，可以为对方建立PEST数据分析模型，分别从政治环境、经济环境、社会环境和技术环境提取关键数据进行分析，从而得出关键结论。

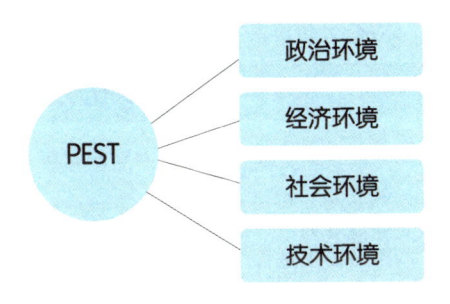

图 4-11　PEST 分析模型

第二，5W2H分析模型。

5W2H分析模型是第二次世界大战中美国陆军兵器修理部首创，即用5个W开头和2个H开头的英文单词进行发问，从而发现解决问题的线索和思路。5W2H分析模型可以用来处理工作与生活中的许多问题，尤其适用于综合性工作，能够培养人们全面严谨的思维方式。

咨询师在为企业进行诊断时，可以用5W2H向对方发问，再依据答案的数据信息，建立5W2H分析模型。我们以用户购买行为分析为例，咨询师可以这样追问用户，从而获得相关数据。比如，追问用户购买的目的是什么，从而获取市场调查相关数据；追问企业能够为用户提供什么产品或服务，从而获得各产品销量分布；追问谁是企业的用户，用户有何特点等，来获得男女比例、年龄分布、地域分布、学历分布、收入分布、注册时间分布等相关数据分布，等等。再以这些数据为基础，建立5W2H分析模型。

表4-4　5W2H分析模型（以用户购买行为分析为例）

5W2H	用户购买行为分析
为什么（Why）	用户购买的目的是什么？产品在哪些方面吸引用户？
什么（What）	企业能够为用户提供什么产品或服务？ 与用户需求是否一致？
谁（Who）	谁是企业的用户？用户有何特点？ 如：男女比例、年龄分布、地域分布、收入分布、学历分布、注册时间分布等有哪些特征？
何时（When）	何时购买？何时再次购买？
哪里（Where）	用户从哪里购买？用户购买渠道有哪些？ 用户在各个地区的构成是怎样的？
怎样（How）	用户用哪种方式支付？
多少（How much）	用户购买花费的成本是多少？用户购买什么价位的产品？ 用户再次购买意愿如何？

第三，KANO模型。

KANO模型是日本质量管理学大师狩野纪昭(Noriaki Kano)发明的，这个模型的主要作用是对用户需求进行分类和优先排序，通过分析用户需求对用户满意度的影响，从而体现产品性能和用户满意度之间的非线性关系。

在KANO模型中，将用户的需求分为基本型需求、期望型需求、魅力型需求、无差异型需求、反向型需求。

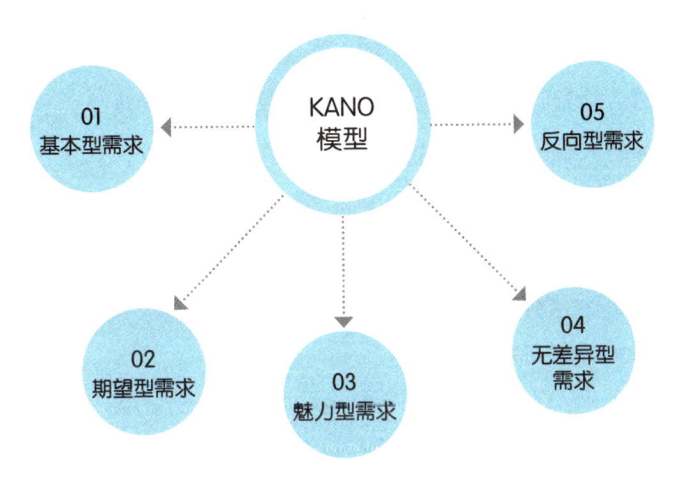

图 4-12 KANO 模型

KANO模型主要用于用户满意度，因此咨询师在使用KANO模型时，既可以直接用来对用户进行调研分析，也可以指导企业通过标准化问卷对用户进行调研，再根据调研结果对各因素属性归类，从而解决产品属性的定位问题，以提高用户满意度。

KANO模型分为五个步骤。

（1）从用户角度认识产品或服务的需求。

（2）根据KANO模型设计相关的问卷调查表。

（3）根据问卷调查表实施有效的问卷调查。

（4）将调查结果量化后分类汇总。

（5）根据获得的调查数据建立质量分析模型，识别具体测量指标的敏感性。

第四，逻辑树分析模型。

逻辑树又叫问题树或者演绎树，它将问题的所有子问题分层罗列，以树形的结构系统地分析存在的问题及其相互之间的关系。

在制作逻辑树时，先将已知问题作为树干，再将与这个问题相关的子问题或者子任务加在这个"树干"上成为"树枝",并在"树枝"上标示清楚。此外,"树枝"上还能再分解出小"树枝"。逻辑树的主要作用是帮助人们理清问题和思路,不做无关的思考。先从下至上画出树的形状,在树的主干部分,写上思考的主题,再思考造成这个问题的原因,将其作为第一层树枝,再根据这个问题深入细究,依次画出第二层、第三层……这样,通过逻辑树的层层推演,就可以将问题抽丝剥茧,找到问题的深度原因。

在使用逻辑树分析模型时,要注意遵循以下三个原则。

(1)要素化原则,即将相同或类似的问题归纳成一个要素。

(2)框架化原则,即将归纳好的各个要素组成相应的框架,既不要重复,也不要遗漏。

(3)关联化原则,即框架内的各个要素要保持必要的关联,不能相互孤立。

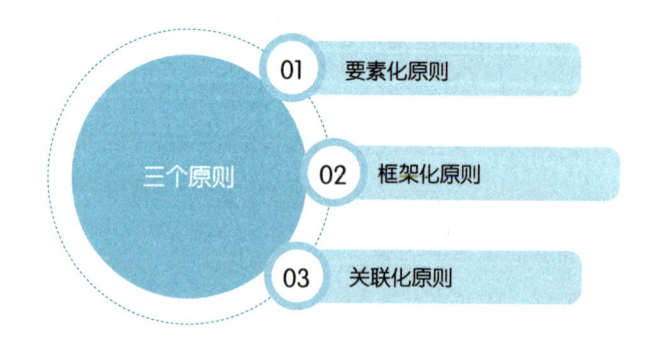

图 4-13 使用逻辑树分析模式需要遵循的原则

第五,SMART原则模型。

SMART原则是由管理学大师彼得·德鲁克在其1954年出版的著作《管理实践》中首次提出的,该原则指的是绩效考核指标必须是明确的、可以衡量的、可以实现的,与其他目标之间有一定的相关性,并且要有明确的时限性，即明确性（Specific）、衡量性（Measurable）、可实现性（Attainable）、相关性（Relevant）及时限性（Time-bound）。

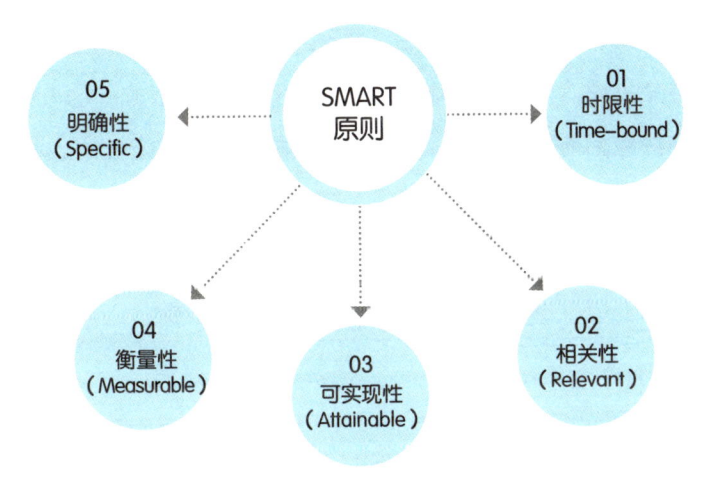

图 4-14　SMART 原则

SMART 原则提出的主要目的是帮助员工更加高效明确地工作，而且管理者对员工实施绩效考核时有了目标和标准，从而使考核更加规范化和科学化。

第五节　数据分析的方法

咨询师在为企业服务时，根据分析作用的不同，要使用不同的数据分析方法。数据分析按作用可以分为现状分析、原因分析、预测分析等。其中，现状分析对应的基本方法是对比，可以使用的数据分析方法包括对比分析法、平均分析法、综合评价分析法等；原因分析对应的基本方法是细分，可以使用的数据分析方法包括分组分析法、交叉分析法、结构分析法、漏斗图分析法、杜邦分析法、矩阵关联分析法、聚类分析法等；预测分析对应的基本方法是预测，可以使用的数据分析方法包括时间序列法、回归分析法、决策树分析法、神经网络分析法等。

表4-5 不同分析对应的数据分析方法

数据分析作用	基本方法	数据分析方法
现状分析	对比	对比分析法、平均分析法、综合评价分析法等
原因分析	细分	分组分析法、交叉分析法、结构分析法、漏斗分析法、杜邦分析法、矩阵关联分析法、聚类分析法等
预测分析	预测	时间序列法、回归分析法、决策树分析法、神经网络分析法等

此外，咨询师在为企业服务时，会遇到各种各样的需求，这些需求背后都需要相应的数据分析支撑，因此，咨询师要了解不同研究方向对应的数据分析方法。比如，有些企业希望咨询师能为产品和价格提供咨询建议，有些企业希望咨询师能为品牌和满意度提供咨询建议，那么咨询师就应该掌握与产品研究、价格研究、品牌研究、满意度研究等相关方向的数据分析方法。

一般来说，产品研究对应的数据分析方法包括相关分析法、对应分析法、判别分析法、结合分析法、多维尺度分析法等；品牌研究对应的数据分析方法包括相关分析法、聚类分析法、判别分析法、因子分析法、对应分析法、多维尺度分析法等；价格研究对应的分析方法包括相关分析法、DSM价格分析法等；市场细分对应的分析方法包括聚类分析法、判别分析法、因子分析法、对应分析法、多维尺度分析法、Logistic回归分析法、决策树分析法等；满意度研究对应的数据分析方法包括相关分析法、回归分析法、主成分分析法、因子分析法、结构方程分析法等；用户研究对应的数据分析方法包括相关分析法、聚类分析法、判别分析法、因子分析法、对应分析法、Logistic回归分析法、决策树分析法、关联规则分析法等；预测决策对应的数据分析方法包括回归分析法、决策树分析法、神经网络分析法、时间序列分析法、Logistic回归分析法等。

表4-6 不同研究方向对应的数据分析方法

研究方向	数据分析方法
产品研究	相关分析法、对应分析法、判别分析法、结合分析法、多维尺度分析法等
品牌研究	相关分析法、聚类分析法、判别分析法、因子分析法、对应分析法、多维尺度分析法等
价格研究	相关分析法、DSM价格分析法等
市场细分	聚类分析法、判别分析法、因子分析法、对应分析法、多维尺度分析法、Logistic回归分析法、决策树分析法等
满意度研究	相关分析法、回归分析法、主成分分析法、因子分析法、结构方程分析法等
用户研究	相关分析法、聚类分析法、判别分析法、因子分析法、对应分析法、Logistic回归分析法、决策树分析法、关联规则分析法等
预测决策	回归分析法、决策树分析法、神经网络分析法、时间序列分析法、Logistic回归分析法等

第一，对比分析法。

对比分析法是一种比较常见的数据分析方法。是将企业的实际数据与相关的指标数据进行对比，从而分析评价企业实际情况的方法。

根据时间维度的不同，对比分析法又可以分为同比、环比、定基比等不同的对比分析方法。同比指的是与去年同期相比较；环比指的是连续两个统计周期内量的变化比；定基比是针对一个基准数据的对比，比如，用实际与计划对比，不同企业之间进行对比，与先进水平进行对比，用经验和理论数据进行对比等。

在使用对比分析法时，需要注意三点。

（1）对比需建立在同一标准维度下。

（2）在对比过程中需拆分出相关影响因素。

（3）各项数据对比需要建立数据标准。

第二，平均分析法。

平均分析法也叫平均数，指的是通过计算平均数的方式来反映研究对象在一定时间、条件、地点或特征下的一般水平的分析方法。平均数可以反映研究对象在不同行业、不同地区等的差异程度，与总量相比，更具说服力。一般来说，平均数包括算术平均数、几何平均数、调和平均数、众数以及中位数等几种。

算术平均数、众数、中位数是日常中使用相对较多的三种平均数。

（1）算术平均数是用总体除以个数得到的，能够反映总体的一般水平，但是却掩盖了各单位之间的差异。

（2）中位数能够避免算术平均数的缺陷。中位数反映的是一组数据的集中趋势，是通过排序得到的。以某地的平均收入为例，中位数统计的是大部分人的人均收入，受收入最高和最低的少数人影响很小，与算术平均数相比，更能反映某地的真实人均收入。

（3）众数反映的是一组数据中发生频率最高的指标，反应的是数据的集中程度，如最高、最多、最佳等，这些都与众数相关。

第三，交叉分析法。

交叉分析法常常用于分析两个变量之间的内在联系，通常情况下，将这两个变量的值交叉排列在一个表格中，使这个值成为不同变量之间的交叉点，从而形成一个交叉表，用以分析变量之间的关系。一般情况下，交叉分析表以二维居多，也有多维的，维度越多越复杂。

表4-7是7月甲、乙、丙三地服饰销量交叉表。在这个交叉表中，表的行从左侧到右侧沿水平方向延伸，甲、乙、丙三地的数据各占一行。表的列从上到下沿垂直方向延伸，短袖、衬衫、裤子各占一列。行和列之间的交叉结点是汇总字段，交叉结点的值代表其同时满足行条件和列条件。比如，甲地区的衬衫交叉节点是70，表示甲地区在7月衬衫的销量是70。通过这个交叉表分析，我们很快就能分析出各地区和各品类之间的联系。

表4-7 7月甲、乙、丙三地服饰销量交叉表

地区	短袖	衬衫	裤子	行小计
甲	90	70	100	260
乙	80	100	120	300
丙	100	80	80	260
列小计	270	250	300	820

第四，相关分析法和回归分析法。

相关分析法和回归分析法都是研究事物之间的相互关系和紧密程度的分析方法。通过使用相关分析法和回归分析法，能够揭示研究对象变

化的过程和规律。这两种分析方法主要用于政策评价、构造经济模型、结构分析、决策等。

相关分析法和回归分析法的主要内容包括：确认研究对象之间是否有相关关系，如果有，那么相关关系的类型是什么；判断研究对象之间的密切程度如何；构建回归模型；检验回归模型是否可靠；根据回归模型对研究对象进行分析、控制、预测等。

相关分析法和回归分析法之间既有相似之处，又有不同的地方。主要体现在以下三点。

（1）这两种分析方法的方法和理论具有一致性。然而，在具体的分析过程中，却体现出不同的要点和理论，在相关分析法中，X与Y是对等的；而在回归分析法中，X与Y并不对等，要确定自变量和因变量。

（2）相关系数和回归系数的方向是一致的，相互之间可以自由推算。然而，回归分析法是用回归模型进行分析、控制和预测，而相关分析法则只是测定相关的程度和方向。

（3）"无相关则无回归"，研究对象的相关程度越高，回归越好。

第五，因子分析法和主成分分析法。

因子分析法最早是由英国心理学家C.E.斯皮尔曼提出，他在教学中发现，很多某一科成绩不错的学生，其他科目的成绩往往也不错，因此，他认为应该存在某些共同的因子，使得学生各科成绩之间保持一定的相关性。这些共同的因子可以是某些智力方面的因素，也可以表现在其他方面。这种方法被归纳总结后，成为因子分析法，即从研究对象的多个变量中找到有代表性的隐蔽的因子，并将本质相同的变量归结成为一个因子，从而分析变量之间的关系，得出相关结论。

主成分分析法最先是由统计学之父K.皮尔森对非随机变量引入的，随后，经由H.霍特林推广，将其推向随机向量。主成分分析法主要通过降维的思维方式，在多个指标中提取出最关键的几个主要指标，用于数据分析中。

因子分析法和主成分分析法都属于因素分析法。两者有相同之处，也有不同之处。

（1）两者的相同之处，第一，目的都在于减少分析变量的个数；第二，两者都能抓住相关主要对象进行数据分析，从而了解研究对象内在结构的关系。

（2）两者的不同之处在于侧重点不同，因子分析法更注重解释原始变量之间的关系，而主成分分析法更注重综合原始变量的信息。

第六，因素分析法。

因素分析法是一种定性分析方法，有人还将其称为经验分析法。因素分析法是对某一现象中的各因素进行分析的方法，主要考察的是各因素的影响程度和影响方向。因此，这种分析方法对分析人员的知识和经验有很高的要求。

因素分析法同时也是现代统计学中一种实用且重要的方法，它能够将一组反映事物状态、特点、性质等的变量简化为几个反映事物内在联系和本质特征的因素。

因素分析法包含以下五个优点。

（1）这种分析方法引入了数学，是一种客观和科学程度较高的推理方法。

（2）能够帮助我们从纷繁复杂的现状中找到关键性的决定因素。

（3）能够帮助咨询师简化研究，找到几个有代表性的主要因素。

（4）能够使研究结果可以相互比较。

第七，对应分析法。

对应分析法最早流行于法国和日本，而后传至美国。对应分析法又称R-Q型因子分析法，它根据研究对象的不同，需要采取不同的分析方法。如果研究对象是变量，一般采用R型因子分析法；如果研究对象是样品，则要采用Q型因子分析法。这是因为样品是固定的，而其属性则是变量，如果不区分开来，很难分析清楚样品属性和样品之间的内在关系。由此产生了对应分析法，这种方法分别综合了R型因子分析法和Q型因子分析法的优点，简化了计算过程，更容易得出准确的结论。

第八，判别分析法。

判别分析法产生于20世纪30年代，在社会学、自然科学、经济学以及管理学等方面都有广泛的应用。是根据已知的样本建立分析模型，从而判断未知样本的一种分析方法。

第九，聚类分析法。

聚类分析法是根据"物以类聚"的原理对研究对象进行分类的一种多元统计分析法，又可以分为分层聚类法和迭代聚类法。

第十，结合分析法。

结合分析法又称为交互分析法，是市场调研中比较常用的一种数据分析法，它是建立在一系列基本假设基础上的，其主要的基本假设是研究对象是由若干个属性构成。比如，电脑产品的属性就包括显示器、品牌、内存等。各属性又有各自的标准和水平，比如，显示器的大小就各有不同。而消费者在选购产品时，需要结合各个属性进行权衡和考虑，而购买决策则是基于理性的考虑做出的选择。

第十一，多维尺度分析法。

在实际生活中，如果告知甲、乙、丙、丁四个地点相互之间的距离，再问我们能否画出这四个地点之间的相对位置关系。那么答案一定是肯定的。多维尺度分析法就类似于这种画出的相对位置关系，它是将多维空间中的若干个研究对象在保持原始关系的前提下进行简化，并将其放置在低维空间中进行分析和定位。

这种多维尺度分析法在心理度量和分析中应用较多，因为心理偏好是难以描述和比较的。而多维尺度分析法的出现，能更好地将人们的心理进行分析。比如，男女青年在选择交往对象时，会考虑对方的样貌、家庭背景、身高、年龄、性格、学历等条件，这些条件对最终结果的权重是不一样的，甚至当事人自身也很难说清楚哪些是最重要的。但是多维度尺度分析法却能够帮助人们了解内心的真实想法，进而做出最优的选择。

第十二，Logistic回归分析法。

Logistic回归分析法是一种广义的线性回归分析法，与多重线性回归分析法相比，有相同之处和不同之处，相同之处在于两者的模型形式相似，不同之处在于两者的因变量不同。这种分析方法常用于数据挖掘、经济预测等领域。

第十三，决策树分析法。

决策树分析法指的是在分析研究对象或者决策时，每一次都引出两个及以上的事件或结果，将依据这些事件和结果往下分析，从而引出更多的事件和结果。再将这些分析和决策的过程画出来，这个形状很像一棵树的树干的形状，因此将这种分析法称为决策树分析法。这种分析法不仅能够帮助我们形象、直观地理解问题，还能够帮助我们快速、准确地解决问题。

第十四，关联规则分析法。

在了解关联规则分析法之前，我们先来看一组关于"啤酒和尿不湿"的经典营销案例。

全球零售巨头沃尔玛在对顾客的消费行为进行分析的过程中发现，男性在为婴儿购买尿不湿之后，通常会购买几罐啤酒犒劳自己。在发现了这一规律后，沃尔玛做出了这样的决策：将尿不湿和啤酒放在一起促销。促销活动推出后，果然这两款单品的销量都获得了极大的增长。

而关联规则就是一个形如X→Y的蕴涵式，X和Y在其中被称为关联规则的先导和后继，它们之间存在着信任度和支持度。这种分析法最开始是针对购物篮分析问题提出的，即人们想了解顾客一次会同时购买哪些物品，这些物品之间是否存在关联等。通过对顾客购物篮的关联规则分析，研究分析顾客的购物偏好和习惯，进而研发出更好的营销策略。

第十五，杜邦分析法。

杜邦分析法是美国杜邦公司创造的一种综合分析法，现在被广泛地运用于各大企业的财务核算之中。杜邦分析法主要是分析各财务指标之间的内在联系，从而达到对企业财务状况及经济效益综合评价的目的。杜邦分析法采用了金字塔形结构，更加清晰、有条理地突出财务比率分析，简洁明了地表达各财务指标之间的关系。

第十六，漏斗分析法。

顾名思义，漏斗分析法就是形似漏斗的分析法，指的是用形似漏斗的框架对事物进行分析。但与日常使用的漏斗不同的是，这里的漏斗实际上更像"漏筛"，即与普通漏斗相比，多了一个分层的步骤。

漏斗分析法涉及时间、节点、研究对象、指标这四个方面。时间指的是运用漏斗分析法涵盖的时间段，比如，什么时候开始，什么时候结束等，同时也指代时间间隔和停留时长等；节点指的是起点、过程性节点和终点，节点的主要作用是用来标识漏斗的层级数；研究对象就是漏斗分析法的主体，既可以是某个人，也可以是某类用户，还可以是一群人等；指标是对事件流程进行具体分析的工具。

使用漏斗分析法通常分为三个步骤。

（1）梳理出关键的节点，并按照漏斗模型绘制流程与路径。

（2）收集各环节和流程中的数据以及痕迹，并对收集的数据进行相应的分析。

（3）通过模型分析确定需要优化的节点。

目前，应用漏斗分析法较多的场景有SEO优化、流量监控、产品营销、CRM系统和销售等数据分析工作。

第十七，矩阵关联分析法。

矩阵关联分析法又叫象限图分析法，是以事物的两个重要的属性作为分析依据，进行关联分析，从中找到解决问题的方法。

以属性1作为象限的横轴，以属性2作为象限的纵轴，在这两个轴上分别进行刻度划分，构成四个不同的象限，将需要分析的项目投射进四个象限中，从而表现出这两个属性之间的关联性。

第十八，描述统计分析法。

描述统计分析法指的是对相关经营数据进行综合整理分析，用以表述分析对象总体特征的方法。其常用的方法包括统计分组和结构分析。

统计分组是根据需要将总体按照性质或数量等区分成若干个部分。

某咨询师在设计调研问卷时，将对象的年龄分成A30岁以下、B30～45岁、C45岁以上。家庭人均月收入状况分为A3000～30000元、B2000～20000元、C1000～10000元、D1000元以下等。

结构分析是在统计分组的基础上进行的，通过计算结构相对数，进而分析总体对象的内部特征、总体性质、总体变化规律等。比如，利用完好率、合格率、利用率、返修率、废品率、自有资产比率、资产构成比率等分析企业总体的质量或工作质量。或者将同一总体在不同时间的内部结构进行对比，分析其变化过程，揭示一定的规律性。

以下是某企业产品结构变化表，通过销售收入在三年时间中的比重变化，来揭示一定的规律。

表4-8 某企业产品结构变化表

	第一年 销售收入（万元）	第一年 比重（%）	第二年 销售收入（万元）	第二年 比重（%）	第三年 销售收入（万元）	第三年 比重（%）
创新产品	100	20	200	40	300	50
普通产品	400	80	300	60	300	50
合计	500	100	500	100	600	100

第十九，平衡分析法。

要解释平衡分析法是什么，首先要了解平衡在这里的含义。平衡指的是在多个相互影响、相互联系的关系中，找到一个合理的、和谐的、对等的关系。而平衡分析法就是将关系中影响平衡的因素找出来，并用适当的方式标示这个不平衡的因素，再依据实际情况采取措施，调整行为。

在平衡分析法中，主要可以使用以下两种方法。

（1）编制平衡表。平衡表又可以分为收付式平衡表（如表4-9所示）和并列式平衡表（如表4-10所示）两种。

表4-9 收付式平衡表

收方		支方	
项目	数量	项目	数量
期初库存 本期生产 其他来源		本期销售 本期自用 其他耗用 期末库存	
合计		合计	

表4-10 并列式平衡表

原材料名称	期初库存量	本期购入量	本期消费量	本期拨出量	盘盈(+)盘亏(-)	期初库存量	期末待验收入库量
原材料1							
原材料2							
原材料3							
原材料4							
……							

（2）建立相关的平衡关系式，并在此基础上进行分析和推算。其中，平衡关系式又分为实物平衡式和价值平衡式。

第二十，时间序列分析法。

时间序列分析法是按照一定的时间顺序对企业经营过程中各方面的发展过程和变化程度进行分析，从而揭示经营过程的规律、特征、速度和趋势等。时间序列指的是数值按照时间顺序排成一定的数列。

时间序列分析法的数据是真实的，而不是假设或者实验中得到的，反映的是某一现象背后的指标特征，因此，时间序列背后反映的是某一现象的变化特征和变化规律。此外，数据还是动态的，比如，某企业从2010年至2020年的销售额可以用时间序列分析法来表示。

时间序列分析法的基本步骤有三步。

（1）在编制时间序列的过程中，要注意序列的可比性。比如，当数值波动较小时可以以年为单位，而数值波动较大时，可以以月为单位。

（2）对时间序列中的分析指标进行计算，描述分析对象的变化特征。其中：增长量=报告期水平−基期水平；发展速度=报告期水平/基期水平；增长速度=增长量/基期水平。

（3）根据时间序列的变动规律对未来进行一定预测，并做出现实决策。

第二十一，量本利分析法。

量本利分析法中，"量"指的是"业务量"，"本"指的是"成本"，"利"指的是"利润"。因此，量本利分析法其实就是业务量、成本、利润分析法的简称。在实际应用中，"量"一般表示某一产品的销量或者收入；"本"是某一产品的销售成本、营销成本、生产成本等；"利"指的是某一产品在某一阶段产生的利润。量本利分析法能够根据三者间的关系，对某项产品或者业务的盈亏做出预测，并敦促决策者提前做出决策，采取相应措施。

第五章

Working Rules of Consultants

跃然纸上：量化诊断报告呈现

完成前面几章中一系列的工作之后，我们终于可以将调研得到的资料作为量化诊断报告呈现给企业。在本章中，将着重介绍四点内容。

数据处理与整理，了解如何对前期调研获得的数据进行优化处理，成为可以呈现在量化诊断报告中的合格数据。

数据的可视化，了解数据可视化的表现形式、工具等。

数据展示，了解不同的数据，如何选择对应的图表以及图表的制作步骤等。

报告自动化，了解如何将量化诊断报告呈现在企业面前。

第一节　数据处理与整理

在前期的调研诊断中，咨询师积累了各个方面的信息和数据。其中，有些数据可以直接使用，有些数据需要整理成相关数据再使用，还有些数据需要进行一定的处理才能使用。

在整理和处理数据时，要遵循以下两个步骤。

第一，数据的处理。

数据的处理主要指的是对获得的数据进行一定的审核，检查数据中是否存在错误，保证数据的准确性和完整性，从而确保结果的准确性。

在这里，数据又分为原始数据和二手数据。

（1）原始数据一般指咨询师通过自己调研或访谈等方式获得的数据，这些数据是一手的，比较真实可靠。但在实际操作过程中，可能存在笔误等逻辑性错误，但这些错误很容易发现。咨询师在对数据进行处理时，一定要着重数据逻辑性的检查。比如，在对某企业基础员工的访谈中，在访谈卡上记录的基本工资是60000元，这就很有可能是咨询师由于笔误造成的差错，咨询师一定要再核对一遍。一般来说，不符合常识和情理的地方都有可能有问题，对此，咨询师一定不要怕麻烦，多确认、多核对几遍，这样才能保证结果的准确性。

另外，原始数据还可能因为工作人员的失误导致数据不完整。比如，在调研过后，因为工作人员的粗心大意，导致一部分调研问卷丢失，这样会对结果产生很大的影响。为了避免这类失误的出现，除了提高工作人员的素养，培养认真负责的态度外，最关键的是做好原始数据的录入和管理。一般来说，可以在调研结束的第二天进行数据的录入和整理，对数据采取责任制的管理方法，这些都能有效保证数据的完整性。

（2）二手数据是相对原始数据而言，指的是并非为了此次诊断而是为了其他目的或者通过其他渠道获得的数据。二手数据既可以来自公开网站，也可以来自咨询师。对二手数据进行处理时，主要对其适用性和时效性进行审核，确保这些二手数据能对本次的诊断结果起到积极的作用，而且是最新的数据。另外，由于二手数据并不是为了此次诊断而专门采集的，其形制规范与本次的诊断并不一定相符，因此在必要时，要在处理阶段对这些数据做进一步的整理和加工，找出符合本次诊断条件的数据。二手数据在使用过程中，极有可能遇到数据缺失的情况，这时要对数据进行检查和补充，使完善后的数据符合要求。

第二，数据的整理。

数据在整理时，先要对其进行分类，列出不同的类别。在遇到一些需要计算的数据时，要先对其进行计算，如在诊断过程中用到的频数、比例、百分比、比率等。这些数值要在对基础数值的计算后得到。再为这些数值制作一个表格，使数值一目了然。表5-1是某企业员工对公司加班制度的满意度调查。

表5-1　某企业员工对加班制度满意度的分布

回答类别	人数	百分比（%）
非常满意	15	7.5
不满意	20	10
一般	100	50
满意	50	25
非常满意	15	7.5

还有一些数据是数值型的，单个的数字没有意义，需要进行分组才能体现其作用。因此在整理时，先要对其进行分组。在企业咨询的数据整理中，一般会遇到组距分组，即将变量值的一个区间作为一组，既可以采用等距分组，也可以采用不等距分组，不论采用哪种方式，都要使分布后的数值不遗漏、不重复。表5-2是某企业职工月平均绩效分布表。

表5-2　某企业职工月平均绩效分布表

按绩效分组	人数（人）	占比（%）
1000元以下	20	10
1000～2000元	50	25
2000～3000元	70	35
3000～4000元	50	25
4000元以上	10	5
合计	200	100

第二节　数据可视化

数据经讨整理和处理后,如何将它们更准确地传递给企业?如何使企业更有效地理解数据背后的信息?这就要求咨询师站在企业的角度来看待数据。与咨询师亲自前往一线调研不同,企业并没有参与调研的过程,对咨询师获得的数据并不敏感,但是企业的负责人和管理者对基本问题要有一定的认识和概念。因此,咨询师可以考虑通过一定的技术手段,将数据变得可视化,从而使枯燥的数据变得生动、易接受。

一、什么是数据可视化?

数据可视化指的是利用图形展示数据中隐含的信息,及发掘数据中包含的规律。数据可视化实际上是利用人们对形状、颜色的敏感性,将数据用图形和色块等方式有效地传递出来。与一般的数据呈现形式相比,数据可视化更能展现数据之间的关系、规律、趋势等。数据可视化涉及领域众多,包括计算机图形学、计算机视觉、图像处理、计算机辅助设计等,随着数据挖掘和大数据概念的兴起而不断发展,可以解决数据处理、数据展现、决策分析等一系列问题。

数据可视化提供了一条清晰的数据传递和沟通渠道,使数据变得明晰化,人们能够更好地处理手中的数据。数据可视化为咨询师带来了至少三个方面的帮助。

第一，数据的交互性。传统的数据是表格化的，看上去"冷冰冰"的，而数据可视化使这些原本躺在表格中的数据活了起来，在呈现的过程中，使通过交互页面实现数据管理变得更加方便。除此以外，我们还可以通过页面实现数据的计算和预测。

第二，数据的多维性。在数据可视化的过程中，需要从数据的多个属性入手对数据进行处理，通过切片、钻取等方式剖析数据，从而从多角度、多维度了解和分析数据。

第三，数据的可视性。数据图像化的呈现形式决定了数据的可视性。除了常见的二维图形，还可以使用三维图形、动画等方式来呈现。

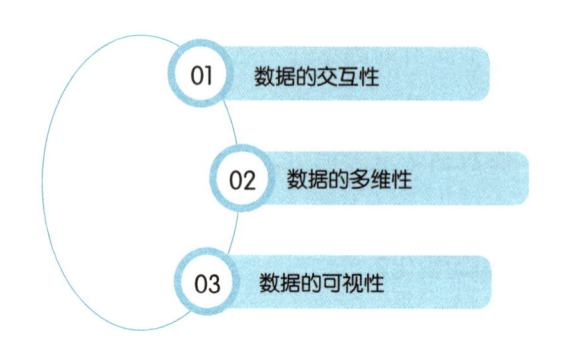

图 5-1 数据可视化的作用

二、数据可视化的表现形式

数据可视化的最大优势是通过技术手段将原本枯燥的数据变得生动、可视。借助图形化的手段，更加准确、清晰地传达表达者想展示的内容。常见的数据可视化表现形式有地图、热力图、标签云及树形图。

第一，地图。

地图指的是将基于地理数据的分析结果用不同的色块或数据标识在地图上，让读者可以非常直观地看到各地区的具体情况以及不同地区之间存在的差异。这种数据可视化方法在企业销售等数据的呈现中较为常用。比如，将某年度各地区的实际销售数据直接标识在地图上，这样就可以直接地看到各地的销售情况。另外，这种方法还多用于标示各地的市场情况。比如，某加盟商可以将有加盟店的地区标示为一种颜色，没有加盟店的地区标示为另一种颜色，这样，哪些地区有加盟店，哪些地区没有加盟店就可以一目了然了。

第二，热力图。

在数据展示的过程中，热力图是一种很常见、很流行的方法。热力图用不同的色块区分等级，以此展示和区分数据。这种方式非常直接和直观，经常和空间矢量图或者地图结合在一起使用。一般会将重点区域用突出的颜色标示，其他地区用浅色标示。

第三，标签云。

标签云是由一套标签以及与标签相应的权重组成。一般来说，标签云中包含了30~150个标签，权重主要体现为标签字体的大小等其他效果。标签云对数据的准确度要求不高，一些希望直接突出热词或者关键词的场合很适合使用标签云。因此，我们经常在媒体、网站、论坛、演讲中使用标签云来突出关键词和热点话题。咨询师可以根据实际情况选择使用标签云，标签云的制作工具很多，比如，使用DataViz可视化数据分析软件就可以制作标签云。

第四，树形图。

在数据展示过程中，树形图可以用来展示层次结构相对复杂的数据。树形图可以将大型的分层数据进行可视化，它能够展示数据的层次结构以及单个数据点的值。树形图是由一系列嵌套矩形组成。一般来说，数值的大小和矩形的大小成比例，大的矩形代表的是较大的数据树的分支，由此细分成更小的矩形。树形图在销售数据中运用得较多，因为这种图形有助于人们快速了解不同类别数据的大小,以及快速捕捉同类别中效果不佳的项目是什么。

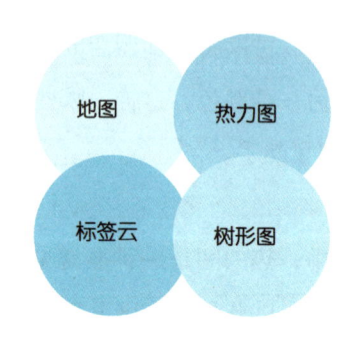

图 5-2 常见的数据可视化表现形式

三、数据可视化工具

在数据可视化的具体实施中,可以使用ECharts、Easelly、PPT等工具,将数据制作成数据图形;也可以使用一些数据分析工具直接导出图形,如MATLAB、SAS、SPSS、Stata、EViews、Excel等。这些图形有饼形图、折线图、条形图、柱形图、散点图、气泡图、雷达图、面积图、帕累托图、旋风图、矩阵图、漏斗图、地图、标签云、热力图、树形图等。借助图形化的手段,数据可视化能够更加清晰、有效地传达出收集数据背后的信息。

第一,ECharts。

ECharts最初由百度团队开发,之后捐赠给Apache软件基金会,成为ASF孵化级项目。它是一款基于JavaScript的数据可视化图表库,能够为用户提供各种可视化图形,如日常使用的柱形图、K线图、散点图、折线图、饼图,以及比较有特色、专业的盒形图、地图、热力图、线图、关系图、树形图、旭日图、漏斗图、仪表盘等。ECharts支持各种图之间的混搭，因为直观、生动、可交互、个性化、操作方便等优点，受到很多用户的欢迎。

第二，MATLAB。

MATLAB是Matrix和Laboratory这两个词语的组合，是矩阵实验室的意思。这款软件由美国MathWorks公司出品，主要用于数据分析、图像处理与计算机视觉、信号处理、深度学习、量化金融与风险管理、控制系统等方面，是一款商业数学软件。MATLAB能够将矩阵计算、数值分析、科学数据可视化，并且能够将非线性动态系统的建模和仿真等集合在一个视窗环境中使用，为众多科学领域提供了全面且方便的解决方案。其中的数据分析功能可以用于数据可视化，可以为用户直接导出图形。

第三，SAS。

SAS的全称为Statistical Analysis System，是一款统计分析软件，其系统的主要任务是围绕数据进行，如数据访问、数据管理、数据呈现、数据分析等。SAS的主要功能包括数据分析、数据储存及管理、数据访问、图形处理、计量经济学与预测等。

第四，SPSS。

SPSS的全称是Statistical Productand Service Solutions，意为"统计产品与服务解决方案"。SPSS由IBM公司推出，集数据录入、整理、分析功能于一身，主要用于数据挖掘、预测分析和决策支持任务等。SPSS的突出特点包括操作界面友好、输出结果美观、分析结果清晰直观等，能够直接读取DBF及Excel等数据文件。SPSS的应用范围非常广，主要用于商业、经济学、医疗卫生、物流管理、数学、统计学、心理学、体育、生物学、地理学、农业、林业等方面，非常受用户欢迎。

第五，Excel。

Excel的全称是Microsoft Excel，是微软公司出品的一款电子表格软件，主要用于处理数据，包括图表工具、直观的界面和出色的计算功能，是当前用户非常熟悉并且很受欢迎的一款数据处理软件，可以用于分析数据、作图等，能够导出饼形图、条形图、折线图、柱形图等常用图形。Excel还可以直接绘制数据地图，让用户清晰直观地了解各项数据信息。

第三节　数据展示

在咨询行业，有一个非常有名的、与数据展示相关的故事。

麦肯锡公司曾经为一家大公司提供咨询服务。一天，麦肯锡的项目负责人在电梯里遇到了这家公司的董事长，董事长认出了他，于是问道："现在能否向我简单陈述一下项目结果呢？"虽然项目负责人与团队成员完成了大量的工作，也得出了不错的结论，但由于没有提前准备，无法在电梯间的30秒钟内把结果说清楚，为此，麦肯锡失去了与这家公司合作的机会。

上面的故事中讲的就是著名的"麦肯锡30秒电梯理论"，这个故事告诉咨询师，一定要将数据做得简洁明了，让管理者能在30秒钟内读懂你的数据。

数据展示主要以图表的形式进行。为了达到这个效果，咨询师要在数据展示中下大力气，让自己的图表更加简明生动，从而让咨询达到事半功倍的效果。

一、图表的作用

图表在数据展示中主要有以下三个作用。

第一，表达形象化。图表可以化抽象为具体，化复杂为简单，化冗长为简洁，使冷冰冰的数据变得形象和生动，使企业的相关人员更容易理解咨询师所要表达的内容。

第二，突出重点。图表中的字体、颜色等都可以特别设置和突出，可以更加清晰、明确地表达咨询师所要突出的重点，让企业的相关人员注意重点内容，从而使咨询沟通的效果更好。

第三，体现专业性。图表以数据为基础，严谨、恰当的图表处处显示了专业和信任，使简单的数据更具说服力。

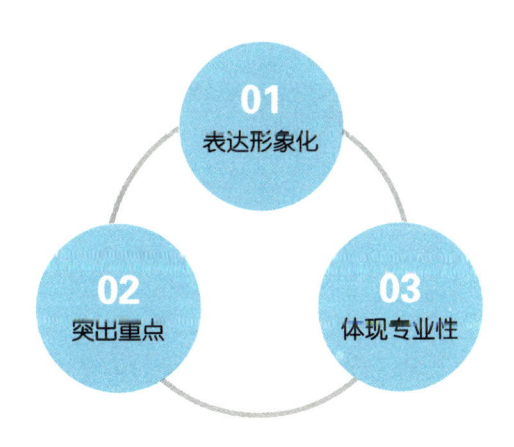

图 5-3　图表的作用

二、如何选择图表

图表的种类很多，如饼形图、柱形图、条形图、折线图、气泡图、表格等。这些图表各有所长，用来表示不同类型的关系。咨询师在选择图表时，可以依据数据间的关系来进行。总的来说，数据间的关系可以归纳为六种类型，即成分、排序、时间序列、频率分布、相关性、多重数据比较。

第一，图表的种类。

（1）饼形图。2D饼形图通常是圆形，3D饼形图一般为圆柱形。饼形图只显示一个数据系列的大小比例，因此，在实际的数据处理中，表格中一行或者一列数据可以绘制在一个饼图中。相同的颜色标记成一个数据系列，这些色块显示其占整体的百分比，如图5-4所示。

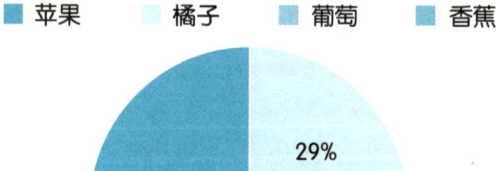

图 5-4　饼形图示例

（2）柱形图。柱形图又称条状图、长条图、棒形图等，使用多个长方形的长度区分变量的统计图。柱形图可以用来比较两个或者两个以上的数字，适用于简单的数据集的分析，一般以横向排列居多，如图5-5所示。

A企业1~4月各区销售额

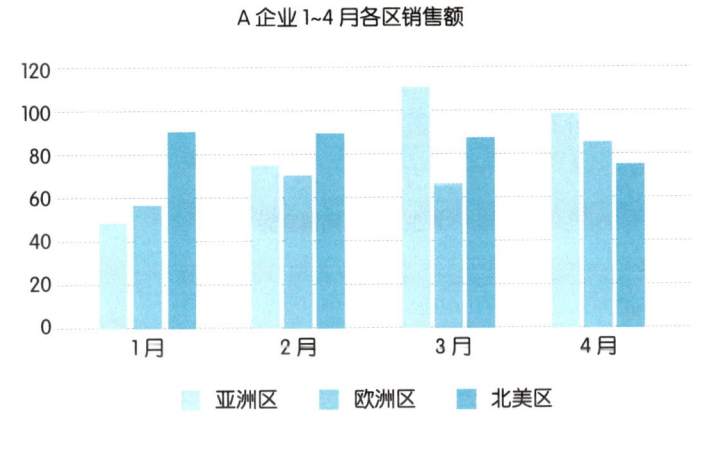

图 5-5　柱形图示例

（3）条形图。条形图是用宽度相同的条形的高度或长短来表示数据多少的图形。条形图可以横置或纵置，纵置时也称为柱形图。此外，条形图有简单条形图、复式条形图等形式，如图5-6所示。

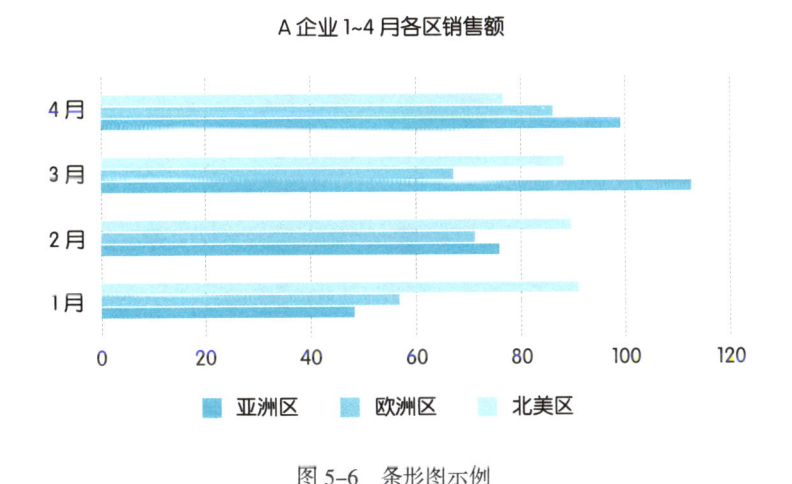

A企业1~4月各区销售额

图 5-6　条形图示例

（4）折线图。折线图一般显示的是随着时间连续变化的数据，比较适合显示在某段时间内数据的变化趋势。我们可以将表格中若干行或者列中的数据提取出来绘制在折线图中。一般来说，在折线图中，所有值数据沿着垂直轴分布，而类别数据沿水平轴分布，如图5-7所示。

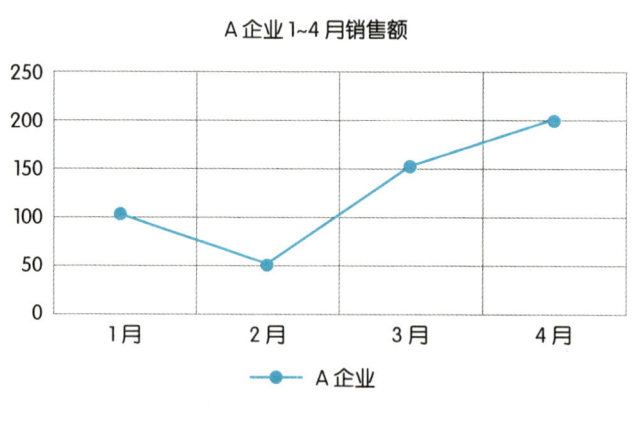

图 5-7　折线图示例

（5）气泡图。气泡图的数据呈现的形态与气泡相似，因此得名气泡图，多用于展示三个变量之间的关系，如图5-8所示。

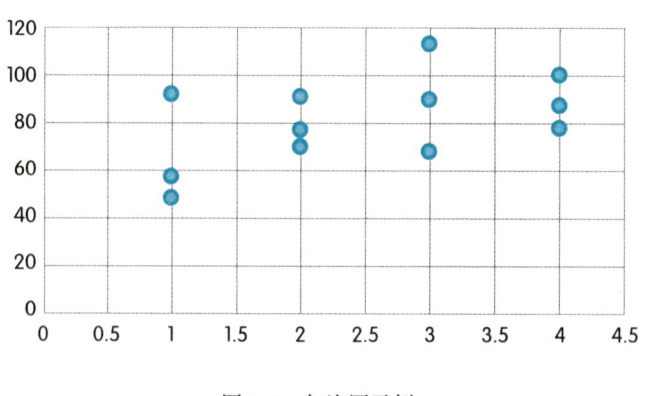

图 5-8　气泡图示例

（6）表格。表格是一种整理数据的方式，同时还是可视化的交流模式。一般由表头和具体的项目及数值等构成。表格的运用范围很广，在日常生活中的数据分析、通信交流、科学研究等方面都有丰富的运用，如表5-3所示。

表5-3　表格示例

	类别1	类别2	类别3
项目1			
项目2			
项目3			

第二，如何根据各种数据关系选择图表。

（1）成分。成分指的是构成，表示整体的一部分，即部分与整体之间的关系。比如，小明将一个苹果均匀地分成了五份，他将其中的一份吃了，表示他吃掉了整个苹果的20%，这就是成分关系。成分关系最好的表示方式是饼图，此外也可以用柱形图、条形图、瀑布图等图形来表示。

（2）排序。排序指的是对多个项目的数值大小进行比较排序。排序又分为从小到大的升序排序，以及从大到小的降序排序。可用于排序的图表有柱形图、气泡图、条形图、帕累托图等，咨询师可以根据自己想要表达的主题选择图表并制图。比如，某企业想要对过去一年中每个季度的销售成绩进行降序排序。那么，他可以选用柱形图，这样制作出的图表既简洁又直观。

（3）时间序列。时间序列指的是按照一定的时间顺序呈现出的趋势或走势。在企业的数据分析中，经常要用到时间序列的关系，如企业每月的销售业绩等。一般来说，时间序列的关系用折线图较多，但有时也会用柱形图表示。

（4）频率分布。频率分布和排序相似，都是对各类别和各项目进行比较，但是它们的单位不同。频率分布可以称为特殊的排序，一般只能按照指定的横轴排列。比如，我们对某企业产品在不同价格区间的销量进行频率分布排序，那么横轴只能按照价格从低到高进行排序，而不可以采用商品的销量进行相应排序。因为按照销量行排序的话，会使价格区间变得混乱。用于频率分布的图表主要有柱形图、折线图和条形图。

（5）相关性。相关性用于表示和衡量两个品类之间的关系，观察其中一个品类是否与另一个品类的变化有关系。比如，可以将某市白菜价格的高低与白菜的销量进行相关性分析，观察白菜的价格是否与其销量有一定的相关性。一般用于表示相关性的图表有柱形图、旋风图、气泡图和散点图等。

（6）多重数据比较。多重数据比较指的是对数据类型大于两个的数据进行分析比较。比如，我们要对甲、乙、丙三所学校的基本情况进行比较，基本情况包括师资力量、录取分数、就业情况、环境舒适度等多个指标，这就是多重数据的比较。在多重数据的比较中，如果类别和指标都不多时，可以用簇状柱形图表示；如果情况比较复杂，则可以用雷达图或圆环图来表示。咨询师可以根据数据的实际情况进行选择，能准确表达主题即可。

表5-4 如何选择图表

项目	饼图	柱形图	条形图	折线图	气泡图	其他
成分	√	√	√			瀑布图
排序		√	√		√	帕累托图
时间序列		√		√		
频率分布		√	√	√		
相关性		√			√	旋风图、散点图
多重数据比较		√				雷达图、圆环图

三、制作图表的五步法

在制作图表时，要遵循以下五个步骤。

第一，确定所要表达的主题或目的。咨询师在制作图表前，首先要确定准备用这些数据表达什么主题，或者想要让这些数据起到什么作用。

第二，确定哪种图表最适合想要表达的主题或目的。根据确定的主题或目的选择适合表现这个主题或目的的图表形式。

第三，选择数据制作图表。筛选数据进行图表的制作。

第四，检查是否真实有效地展示了数据。对制作好的图表进行检查，确认是否真实有效地展示了数据，如果展示的效果不佳，则需考虑更换图表的形式。

第五，确认是否表达了观点。检查绘制的图表是否有力、生动地展示了想要表达的主题或目的，如果没有，则要继续优化图表。

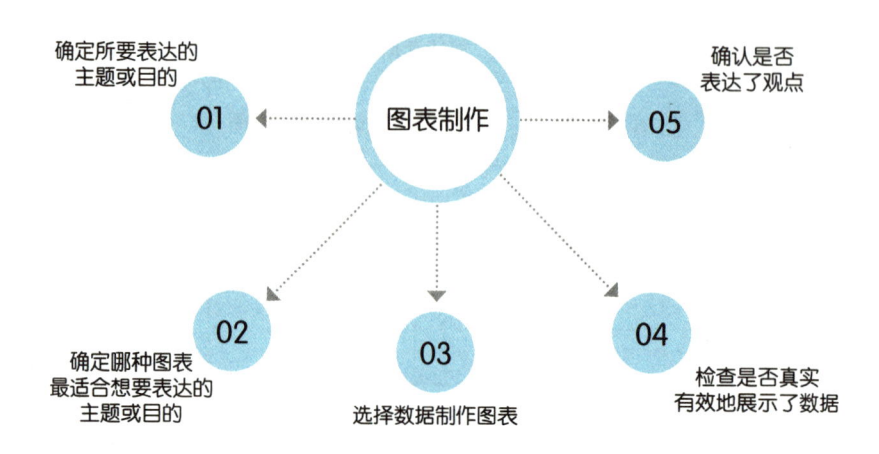

图 5-9　图表制作的五个步骤

第四节　报告自动化

诊断报告中包含的内容非常多，如果所有的模块都由咨询师亲自制作完成，那么肯定会花费很多时间，而且细节的打磨也无法做到完美。这时，一些简单的、日常的、重复性的工作就可以借助工具使其模块化和自动化，以提高工作效率。在实际工作中，我们常常使用VBA实现Excel、PPT等文件的自动化。

VBA是Visual Basic For Application的缩写，是一种自动化语言，可以使Excel中常用的步骤自动化，相当于Excel的遥控器。使用VBA，除了可以使一些重复和固定的任务程序化，从而提高工作效率之外，还可以处理一些复杂的数据，并连接数据库，进行相应的操作。具体实施时，可以通过以下三个步骤实现。

第一，通过VBA命令，在数据库中自动提取指定时间段的数据，再自动追加放置在"数据源"表中的相关位置，最后一键提取数据。

第二，在数据转化区中，自动计算出数据，再引用"数据源"表中的对应数据，实现数据整理和文字通报的组合。

第三，通过VBA命令，去除图表中的公式，直接将数字复制到PPT、Excel等文件中，作为图表数据源，实现数据的更新，同时替换通报文字。

第六章

Working Rules of Consultants

水到渠成：量化诊断报告撰写技巧

在经过上述的一系列活动后，咨询师已经对企业存在的问题进行了一系列的诊断，也得出了相关结论。这时，就需要将得到的诊断成果向企业汇报，向对方呈现最终的方案。咨询师要了解量化诊断报告的要点，以便更好地向对方展现方案。

量化诊断报告指的是在诊断结束后，对企业在经营过程中存在的问题以及需要改进的方面进行的总结报告文书。量化诊断报告是咨询师诊断的关键性成果，是对咨询师工作的阶段性总结。好的诊断报告除了需要扎实的调研数据支持外，还需要撰写者使用适当的技巧，使诊断报告能够更加明晰、生动、准确，从而达到事半功倍的效果。

第一节 量化诊断报告的作用

咨询师在对数据进行分析后,要借助一定的形式将其呈现出来。否则,数据收集过程再艰辛、图表制作再精美、数据处理再先进,如果不能依托有效的组织形式将其展示出来,那么企业还是无法得到满意的解决方案,咨询师也无法很好地总结调研诊断的工作过程。而数据分析最好的呈现形式就是量化诊断报告。

量化诊断报告指的是根据数据分析,来研究和解释研究对象的原理和原因,分析其本质和规律,再得出相应的结论和解决办法的一种应用文体。量化诊断报告是一种沟通和交流的形式,主要目的是将咨询师调研诊断过程中获得的数据、结论、建议等有价值的信息有效地传递给企业。在撰写量化诊断报告时,要对数据进行一定的包装,以便企业可以正确地理解和判断量化诊断报告。

总的来说,量化诊断报告的作用主要体现在三个方面,即展示调研诊断结果、验证分析质量、提供决策参考。

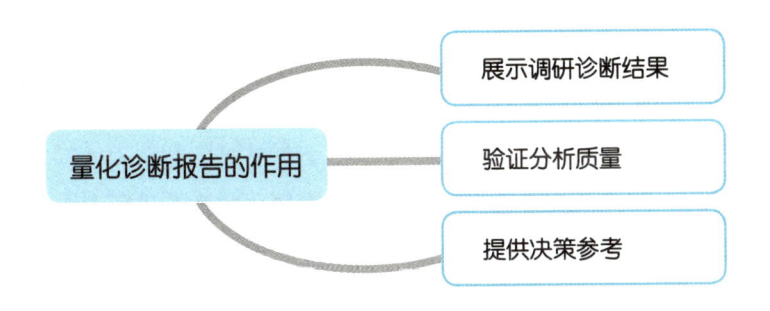

图 6-1 量化诊断报告的作用

第一，展示调研诊断结果。

量化诊断报告以一定的形式将调研过程中的数据呈现给企业，使他们能迅速把握企业的根本问题，并有一定的认识，同时也了解咨询师都做了哪些工作。量化诊断报告既是咨询师对自己调研诊断工作的总结，同时也能以一定的形式将调研诊断的结果清晰、明确、生动地展示给企业。

可以这样说，量化诊断报告就是咨询师调研诊断工作的结果输出。量化诊断报告结果的好坏直接关系咨询师的职业形象，因此咨询师一定要特别注意量化诊断报告的撰写。咨询师要将调研诊断的基本情况、企业存在的问题、针对现状和问题所作出的结论与建议等内容写清楚、写完整，让企业一目了然。

第二，验证分析质量。

量化诊断报告在一定程度上是对调研诊断工作的总结。企业通过量化诊断报告了解咨询师所做的工作；而咨询师则通过对数据的获得和筛选、对数据分析方法的选择、对数据分析结果的处理等几个方面来论证数据分析的质量，保证结果正确、建议可行。好的量化诊断报告，能够让企业感受到整个分析过程是严谨、准确的，咨询师是专业、负责的。

第三，提供决策参考。

为企业提供决策参考是撰写量化诊断报告的主要目的之一，咨询师应该将报告的结论和建议作为单独的重要章节向企业展示。一般来说，量化诊断报告的内容都比较丰富，对方不一定有时间和精力仔细读完或听完所有的内容，他们会选择对他们来说最重要的章节进行重点阅读和聆听，而结论和建议这一章节是所有企业都会选择的重要内容，因为这是他们重要的信息来源，能够帮助他们做出重要的决策，量化诊断报告能够帮助他们全方位地评估企业存在的风险和问题，为决策提供科学、严谨的依据，从而降低经营风险。

第二节 量化诊断报告的写作原则

咨询师在撰写量化诊断报告时，要遵循四项写作原则，即规范方案、体现方案的严谨性、突出方案的重点、体现方案的创新性。

01 规范方案　02 体现方案的严谨性　03 突出方案的重点　04 体现方案的创新性

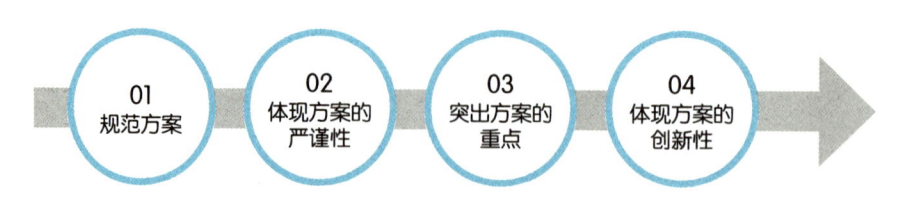

图 6-2　量化诊断报告的写作原则

第一，规范方案。

咨询师要对方案做出一定的规范，这样企业可以获得更好的观看和阅读体验。比如，方案中的体例要规范，语言文字要规范，相关的名词术语也要规范。不要出现前后不一致的情况，最好使用业内公认的专业名词术语。

第二，体现方案的严谨性。

量化诊断报告中涉及的数据很多，而咨询师最终的结论和意见又是通过这些数据推导出来的，所以在处理这些数据时，一定要体现严谨性。要本着实事求是的原则，使内容真实可靠。

第三，突出方案的重点。

咨询师在向企业呈现方案的过程中，一定要突出方案中的重点，必要时，还可以借助一些表现形式上的技巧，使关键的数据或内容更加突出。同一类问题在呈现分析结果时，也要按照重要性从高到低排序。总之，方案的呈现原则为先重要，后次要。

第四，体现方案的创新性。

咨询师要以创新性为主要原则向企业呈现方案，创新性不仅体现在方案设计上，还体现在数据分析上。咨询师可以引入各种新的研究模型或分析方法，让数据得到更好的呈现和分析，让企业看到后有耳目一新的感觉。

第三节　量化诊断报告的种类

量化诊断报告的种类主要包括专题分析报告、综合分析报告、日常数据通报这三种。这三种报告在咨询服务中都有相应的运用，咨询师应该了解和掌握这三种报告，以便在实际工作中运用自如。

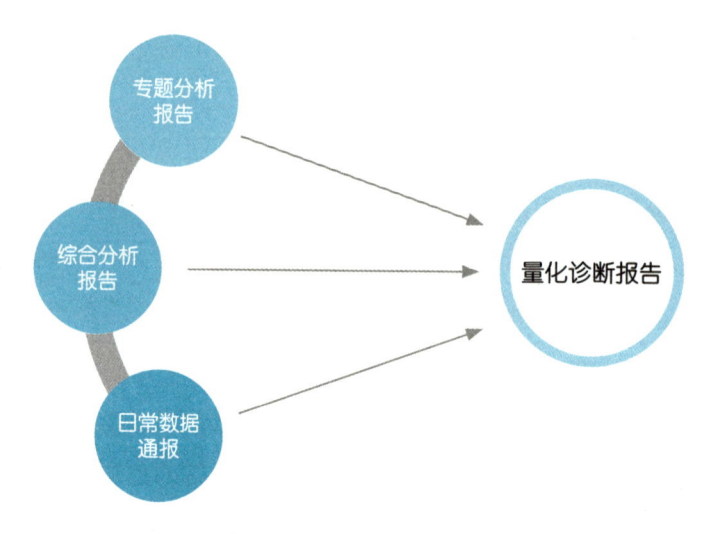

图 6-3　量化诊断报告的种类

第一，专题分析报告。

专题分析报告用于某一方面或者某一现象上，主题较为集中，能够比较有效地解决问题，具有单一性和深入性的特点。单一性指的是针对某一现象或者某一问题展开分析，并不要求反映事情的全貌；深入性指的是专题分析报告要重点突出，可以集中精力抓住主要问题进行深入分析，不仅要对问题进行描述，还要找到问题产生的原因，并提出解决问题的办法。因此，咨询师在撰写专题报告时，一定要建立在对企业问题深入了解的基础上，追本溯源，切忌蜻蜓点水、泛泛而谈。

第二，综合分析报告。

综合分析报告是对企业所要咨询问题的全面分析，一般要求站在全局的高度，反映总体的特征，做出总体的评价，得到总体的认识。综合分析报告的特点具有全面性及联系性等。全面性指的是分析报告反映对象的全面特征；联系性指的是将一些相互联系的问题综合起来分析。处理和分析问题时，不是简单地罗列问题，而是考察问题之间的内部和外部联系，更加全面、综合地分析问题。

第三，日常数据通报。

日常数据通报主要依据的是定期的数据分析报表，数据通报一般是定期进行的，如日报、周报、月报、季报、年报等，也叫作定期分析报告，主要反映的是计划的执行情况以及对工作造成的影响等。日常数据通报既可以是综合性的分析报告，也可以是专题性的分析报告，它的应用非常广泛，绝大多数企业和部门都在使用。日常数据通报呈现出以下几种特点。

（1）进度性。指的是日常数据通报与计划的执行进度以及时间的进展高度相关，反映的是计划的进行情况，要根据计划与时间的契合程度判断完成的情况。有时可以做一定的计算，用相对数和绝对数等指标来反映计划的进度。

（2）规范性。指的是日常数据通报要定时、定期向主管领导或者决策者提供，是一种例行的报告，因此要形成一定的规范。一般来说，日常数据通报包含四方面的内容，即工作的基本情况、找出问题并分析问题的原因、总结工作中的成绩和经验、提出一定的建议和措施。

（3）时效性。日常数据通报是这三种分析报告中时效性最强的报告，因此，咨询师一定要根据最新的消息撰写报告，以便帮助决策者或企业做出最优的决策。

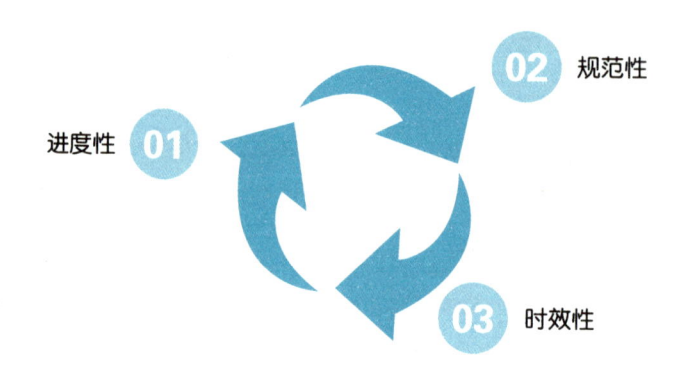

图 6-4　日常数据通报需要呈现的特点

第四节　量化诊断报告的结构

在撰写诊断报告的过程中，要注意语言表达的规范化，既不要过分书面化又不要过分口语化，用人们都听得懂的语言表述即可。同时，还要注意内容表达的规范化，比如，要做好报告的层级区分，不要把所有的内容都堆在一起，也不要使内容过于零散，东说一句，西说一句。而是要将这些内容归纳整理，按照一定的主题或者逻辑顺序向企业展示。咨询师在撰写诊断报告时，可以从诊断报告的构成入手，即标题、目录、前言、正文、结论和建议、附录。

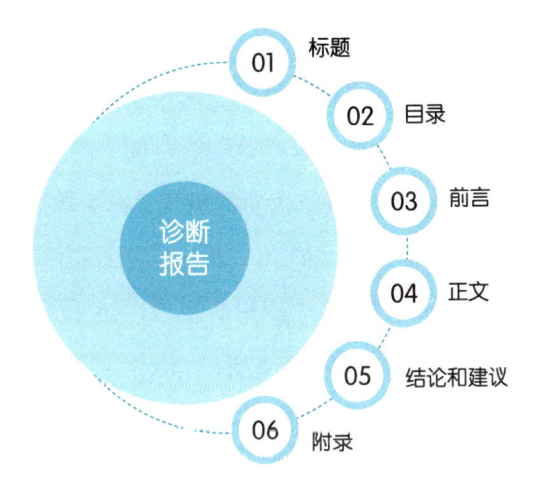

图 6-5 诊断报告的构成

第一，标题。

俗话说："看书先看皮，看报先看题。"标题是诊断报告带给阅读者的第一印象，好的标题先声夺人，可以引起对方的注意，增加他们的兴趣，能够快速进入诊断报告流程。咨询师在给诊断报告拟定标题时，可以从以下四个角度考虑。

（1）用标题解释基本观点。咨询师可以将自己在诊断报告中持有的基本观点作为诊断报告的标题。比如，《新媒体业务是公司发展的重要方向》《不可忽视高端客户》等，这种标题的作用是可以直接、准确地表达咨询师的观点。

（2）用标题概括主要内容。诊断报告中包含的内容和数据通常非常丰富，如果不进行一定概括，企业很难了解咨询师究竟想表达什么。因此，咨询师在制作标题时，可以将主要内容作为标题呈现出来，这样对方就能一目了然，如《公司去年销售额增长迅速》《2021年公司运营情况良好》等。

（3）用标题分析主题。有时候，诊断报告包含的内容和方向非常复杂，基本的观点和内容无法直接概括。这时咨询师可以考虑用分析主题作为标题，用标题反映诊断的对象、范围、时间、内容等，如《2021年××公司发展诊断》《××企业人力资源管理诊断》等。

（4）用标题提出问题。用设问的方式提出诊断报告中所要呈现的内容，从而引起企业的注意和思考，引出诊断报告，如《流失的员工都去哪里了》《为什么公司收入下降这么多》等。

图 6-6　拟定诊断报告标题的四个角度

第二，目录。

目录相当于诊断报告的撰写大纲，它可以很清晰地体现出咨询师的诊断思路。由于目录是高度精练概括的，所以它可以帮助企业很快找到所需的内容。尤其是对于企业中的高层管理者来说，他们工作繁忙，无法完整地阅读报告，很有可能选择目录中感兴趣的部分重点阅读，因此，一定要重视对目录的制作。

制作目录时，要注意两点。一是目录不宜过于简单，对于一些比较重要的二级甚至三级目录，在条件允许的情况下，可以都列出来；二是诊断报告中包含大量的图表时，可以考虑将图表单独制作成目录，方便企业查阅。

第三，前言。

前言是写在正文前面的文字，是诊断报告的重要组成部分，一般由三个部分构成。

（1）诊断背景。回答为什么要进行诊断，对企业来说有什么意义。

（2）诊断目的。表明通过诊断要解决和处理什么问题，达到什么目的。

（3）诊断思路。诊断是从哪些方面展开的，咨询师的思路是什么。

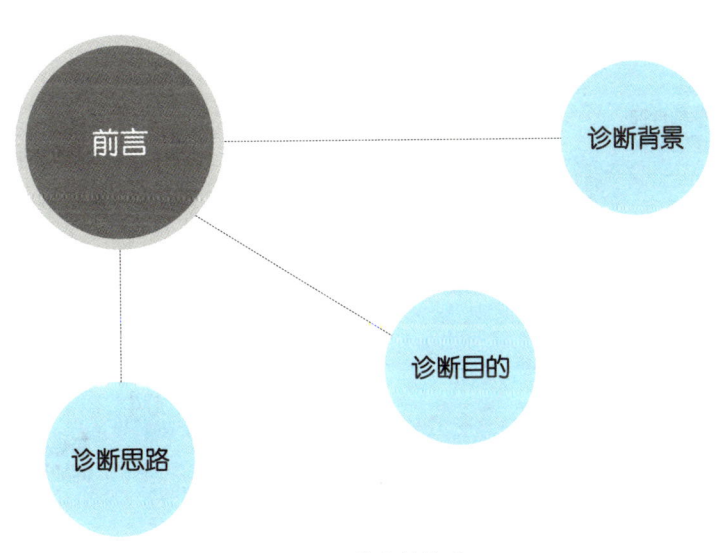

图 6-7　前言的构成

第四，正文。

正文是诊断报告的主体，是咨询师主要的撰写内容，咨询师应该将诊断过程中获得的观点和数据放入其中，使诊断报告内容充实、观点明确。

诊断报告的正文一般呈现以下四个特点。

（1）正文是诊断报告中内容最多的主体部分，是咨询师撰写诊断报告的着力点。

（2）正文中包含了调研诊断中获得的所有数据分析、事实和观点，因此，咨询师要将自己调研所得都写上去，这是最适合展示的地方。

（3）正文一般通过数据图表结合相关文字进行分析的方式呈现。

（4）正文一般分为多个部分，各个部分之间相互独立且联系。

咨询师在撰写诊断报告正文时，还应该注意五点：结构合理，逻辑清晰；实事求是，反映真相；用词准确，避免含糊；篇幅适宜，简捷有效；结合业务，分析合理。

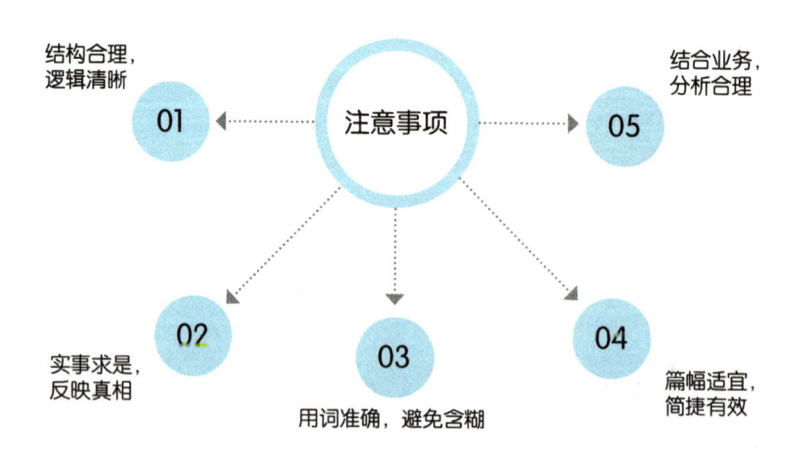

图 6-8　诊断报告正文撰写的注意事项

第五，结论和建议。

结论和建议一般放在诊断报告正文之后，是诊断报告的关键性成果，也是企业聘请咨询师的主要目的。因此，一定要重视对结论和建议的撰写。

结论指的是依据正文中的数据分析和咨询师的诊断而得出的分析结果，它是结合企业实际业务和现状，经过综合分析和推理得出的论点。

建议是根据分析结论对企业面临的问题提出的改进方法，主要集中在保持优势、改进劣势等方面。

第六，附录。

一些正文中涉及的计算方法、重要原始数据、专业名词解释、地图等内容可以放在文末的附录中，使企业可以更加准确地理解咨询报告。需要注意的是，附录中的内容都要加上编号，方便客户以后查询。

第五节　撰写量化诊断报告的注意事项

撰写量化诊断报告是咨询服务中的关键一环，量化诊断报告的优劣，直接关系企业对咨询师和咨询服务的评价。因此，咨询师要将量化诊断报告的撰写作为工作的重中之重。鉴于此，咨询师在撰写量化诊断报告的时候，要注意以下三点。

第一，逻辑清晰、结构合理。

逻辑清晰、结构合理指的是量化诊断报告在撰写时，要围绕一定的主线，有合理的结构布局，切不可前后矛盾、分析过程混乱、各要点之间边界不清晰等现象。这样的报告，直接反映出咨询师专业性不高，同时也无法让企业获得满意的咨询结果。要注意的是，不是形式上的结构合理或者内容上的逻辑清晰就可以了，而是要将形式上的结构合理与内容上的逻辑清晰相结合，这样可以为企业带来更好的观感，从而体现出自己的专业性。

在撰写报告时，一般会使用Word、Excel和PowerPoint等软件。这三款软件各有优劣。咨询师可以根据自己的实际情况进行选择。

（1）Word的优势在于容易排版，并且能够打印装订成册；劣势在于缺乏交互性，而且不适合演示汇报，适用的报告种类包括综合分析报告、专题分析报告及日常数据通报。

（2）Excel的优势在于含有丰富的动态图表，可实时更新结果，以及交互性强；劣势在于不适合演示汇报，适用的报告种类包括日常数据通报。

（3）PowerPoint的优势在于适合演示汇报、展示效果佳，以及包含丰富的元素；劣势在于不适合大篇幅的文字，适用的报告种类包括综合分析报告及专题分析报告。

表6-1 Word、Excel和PowerPoint三款软件的优劣

项目	Word	Excel	PowerPoint
优势	容易排版，可装订成册	含有丰富的动态图表，可实时更新结果，交互性强	适合演示汇报，展示效果佳，包含丰富的元素
劣势	缺乏交互性，不适合演示汇报	不适合演示汇报	不适合大篇幅的文字
适用范围	综合分析报告、专题分析报告、日常数据通报	日常数据通报	综合分析报告、专题分析报告

第二，数据真实、实事求是。

数据虚假或伪造是咨询行业的一大忌讳。咨询师如果没有精力和时间获得原始数据，那么也一定要通过可靠、正规的渠道获得准确的二手数据，千万不要为了支持自己的结论而伪造数据。此外，在分析数据的过程中，还要本着实事求是、尊重科学、尊重事物本来面目的原则，不要掺杂过多主观因素。这样得出的报告才是真实可靠的。

另外，在撰写报告时，使用的词语也必须准确、精准，如实地反映客观的真实情况，尽量用数据说话，不要使用"大约""也许""可能"等似是而非的词语。同时，还要明确告诉企业，什么现象是好的，什么现象是不好的。

第三，立足业务、简捷有效。

撰写量化诊断报告的主要目的是分析解决企业的问题，并提供合理化建议，咨询师在撰写时一定要紧紧围绕这个目的来进行，切不可让报告变成"炫技"的工具。同时报告也要基于数据分析进行，不可简单地看图说话，得出一些大家都知道的结论。

咨询师总结出的要点要简捷有效，报告的篇幅要适宜，不要长篇大论，那些不以解决实际问题为目的的内容都可以考虑删去。